Kallimni 'Arabi Bishweesh

International Language Institute, Cairo
International House

The Kallimni 'Arabi series:

Kallimni 'Arabi Bishweesh

Kallimni 'Arabi

Kallimni 'Arabi Aktar

Kallimni 'Arabi Mazboot

Kallimni 'Arabi fi Kull Haaga

كَلِّمْنِي عَرَبِي بِشْوِيش

Kallimni 'Arabi Bishweesh

A Beginner's Course
in Spoken Egyptian Arabic 1

Samia Louis

Illustrations by
Nessim Guirges

The American University in Cairo Press
Cairo • New York

First published in 2008 by
The American University in Cairo Press
113 Sharia Kasr el Aini, Cairo, Egypt
420 Fifth Avenue, New York, NY 10018
www.aucpress.com

International Language Institute, Cairo (www.arabicegypt.com), is affiliated to International House, London.

Dar el Kutub No. 13898/08
ISBN 978 977 416 220 6

Dar el Kutub Cataloging-in-Publication Data

Louis, Samia
Kallimni 'Arabi Bishweesh: A Beginners Course in Spoken Egyptian Arabic / Samia Louis.—Cairo: The American University in Cairo Press, 2008
p. cm.
ISBN 977 416 220 X
1. Arabic language—Study and teaching I. Title
492.707

6 7 17 16 15

Printed in Egypt

Contents   المحتويات

الشكر والتقدير

Acknowledgments

I would like to thank:

Colin Rogers, the CEO of ILI, whose vision and support made this book possible. Mr. Rogers provided all the necessary finance for consultants, the art work and recording studio, and most of all believed in our capabilities.

Mohamed Amer, ILI's Development and Project Manager, who edited the work and added the pronunciation slots in each chapter.

Hoda Adib, ILI's Director of Studies, for sharing her opinions, grammar analysis, and providing teacher support in editing and recording.

The **ILI** teaching staff for helping to make the audio recording and then testing the book in class and giving constructive feedback and suggestions.

Dalia Abou El Ezz, Administration Coordinator in ILI who helped with illustrations and editing the work.

Nessim Guirges, our clever artist, who applied his fifty years of experience in illustrating children's stories, comic magazines and newspapers and created the delightful characters for the book.

Heba Mussad MA, who developed the transliteration scheme for the book.

Mafdy Thabet, of Dream Studios for his special sound effects and professionalism in producing the CD.

Master Media office, for editing and graphic design.

The **AUC Press** staff and the editing department for their remarkable work.

Introduction المقدمة

Kallimni 'Arabi Bishweesh is part of a planned series of Egyptian Colloquial Arabic course books for adults. As the first of this series, it combines authentic everyday cultural content, comprehensive grammar, and real-life functional language and complies with the guidelines for teaching and learning Arabic of the American Council on the Teaching of Foreign Languages (ACTFL).

This book is designed for the beginner levels, and covers the Novice Lower-Mid levels of language proficiency according to ACTFL guidelines. The book will help students to communicate orally in a number of survival situations. It recycles everyday vocabulary and progressively builds and reinforces the students' knowledge of sentence structure through presentations and practices that focus on real-life situations. It also aims to teach students Arabic script, enabling them to read and write as they learn to communicate in the language, so at the end of the course students will be able to use a reasonable range of both spoken and written Arabic. This volume covers the skills of listening, speaking, reading, and writing, with particular emphasis on listening and speaking.

This course book is aimed at total beginners who have no reading and writing background in Egyptian Colloquial Arabic.

By the end of this course students should be able to fulfill the following tasks:

- Introduce themselves and ask people for their names and nationalities.
- Use polite formulae for greetings and expressing basic courtesies.
- Respond and initiate limited conversation.
- Ask about things they need to know, such as timetables for trains or movies and booking train or theater tickets.
- Give instructions and directions to taxi drivers.
- Shop for groceries or gifts for friends.
- Carry out daily transactions and use short sentences about money and numbers in their daily purchases.
- Talk about their daily routines in simple, short sentences.
- Make simple requests and offer simple apologies.
- Talk about personal possessions.
- Read and write simple words and sentences.

Kallimni 'Arabi Bishweesh consists of 10 modules with a revision unit at the end of each group of five modules. Each module is structured as follows:

Presentation

New language points and vocabulary are presented in context through listening or speaking to highlight form, use, and pronunciation.

Practice

Each presentation is followed by a number of exercise types which offer both controlled and free activities, often involving all four skills.

Teaching Script Section

A skill-based section in which the student learns the script through clear illustrations and a number of tasks which simulate real-life situations and use the vocabulary and structure taught in the module.

Remember

A section providing a quick overview of all the language points taught in each module.

Kallimni 'Arabi Bishweesh also contains the following:

Glossary

The book presents the required vocabulary for each function and presentation within each module supported with illustrations. At the end of the book a translated glossary of the vocabulary used in each module is provided in order of module.

CD

Listening texts are recorded as MP3 files or CD for class and personal use. The recorded material also includes language presentations, the language points, pronunciation drills, and listening activities, as well as reading texts. A variety of native speaker voices are used to enrich the student's exposure to spoken language in its natural context. Note: If using iTunes to listen to the CD, please ensure that the crossfade playback setting is disabled.

Listening Texts

The written texts for the listening material are written in Arabic and presented at the end of each free practice.

Methodology

Kallimni 'Arabi Bishweesh covers 60-70 classroom teaching hours. The teacher is free to use the Practice section or the Remember section according to the students' needs and classroom time constraints. The book is designed in a way that allows the teacher to structure the lessons as needed. However, since the vocabulary and grammar are used cumulatively throughout the units, it is recommended that teachers follow the sequence in which the lessons are arranged in the book. The teacher is responsible for developing and initiating further practice as the book is not designed to be used for self study, but to encourage close interaction between the teacher and students, and between the students themselves. The last two lessons are novice high level and considered as two additional lessons to prepare the students for the next book in the series.

Transliteration

The early lessons are supported by a section of transliteration at the end of each module covering the presentations, most of the listening tasks, and some of the practices that require reading. The transliteration is gradually withdrawn from Chapter 6 onward and is then only used to support listening texts. The grammar sections are not transliterated as it is assumed that the student will be fully supported on grammar rules by the teacher.

I hope you enjoy learning Arabic through this book and the rest of the *Kallimni 'Arabi* series:

Kallimni 'Arabi. Book 2

Kallimni 'Arabi Aktar. Book 3

Kallimni 'Arabi Mazboot. Book 4

Kallimni 'Arabi fi Kull Haaga. Book 5

Skills			
Listening	**Speaking**	**Reading**	**Writing**
Dialogue for greetings and introducing oneself.	Using greetings, apologies, giving thanks. Short conversations.	Gap - filling exercises for greetings, and reading exercises for أ – ب – ت – ث والكلمات التي تشملها والتعرف على الحرف الناقص.	كتابة الكلمات و الحروف الجديدة الناقصة.
Dialogues asking about countries and nationalities.	Questions about names and nationalities. Making small talk with other students. colleagues.	Reading new vocabulary for new letters. ج – ح – خ و التعرف على الحروف الجديدة.	Filling out a survey of students' nationalities. كتابة الكلمات و الحروف الجديدة.

Skills			
Listening	**Speaking**	**Reading**	**Writing**
Dialogue: asking questions about people. Listening for Recognition.	Asking your partner about office and classroom objects.	Reading exercises for: د – ذ و الكلمات التي تشملها والتعرف على الحرف الناقص.	كتابة الكلمات و الحروف الجديدة الناقصة.
Dialogue: asking for missing objects.	Asking about personal objects. Listening for missing letters.	Reading exercises for: ر – ز – س – ش التعرف على الحروف الجديدة.	كتابة الكلمات و الحروف الجديدة.

Plan of Module 1

Module 1	Grammar	Pronunciatio	Function	Vocabulary
1st Presentation التحيات أهلا و سهلا.	Pronominal Suffixes e.g. اسمي – اسمه النفي مش+ اسم.	Stress on pronominal suffixes/ greetings.	Expressions for greetings and introducing oneself.	Vocabulary of different greetings, leave taking, thanking and apologizing. تدريس الحروف أ – ب – ت – ث.
2nd Presentation أنا من البلد دي.	الجنسيّات و النسبة	Word stress للجنسيّات المختلفة	Asking who people are. Asking where people are from.	أسماء البلاد و مزيد من التحيّات. تدريس الحروف ج – ح – خ
Remember	Grammar consolidation.			

Plan of Module 2

Module 2	Grammar	Pronunciation	Function	Vocabulary
1st Presentation في الفصل	اسماء الإشارة ده– دي النفي مش + ده– دي	Stress on class room objects.	Asking for class room objects and common office objects.	Vocabulary of different class room objects. تدريس الحروف د– ذ
2nd Presentation دي ساعتك؟	ضمير الملكيّة ساعتي كتابك – قلمه النفي: مش قلمي	Stress on personal and every day objects.	– السؤال عن الملكيّة. – السؤال عن المتعلقات الشخصيّة.	Vocabulary of some personal and every day objects. تدريس الحروف ر – ز س – ش
Remember	Grammar consolidation.			

Skills			
Listening	**Speaking**	**Reading**	**Writing**
Ordering food and giving phone numbers. Recognizing phones numbers on business cards.	Students ask each other to compile a student phone list for the class.	قراءة دليل التليفون والتعرف على أرقام بعض المحلات المشهورة قراءة كلمات والتعرف على الحرف الناقص من الحروف الجديدة.	كتابة الكلمات و الحروف الجديدة الناقصة
Dialogue asking about times on a plane schedule.	Exchanging information about numbers of a plane ticket, passport, and ID cards.	قراءة أرقام الساعة Vocabulary and new letters of: ع-غ- ف- ق و التعرف على الحروف الجديدة.	Filling a blank plane ticket. كتابة الكلمات و الحروف الجديدة.

Skills			
Listening	**Speaking**	**Reading**	**Writing**
Dialogue asking about others. Listening for recognition. .	Asking partners about office and classroom objects.	Reading exercises for: ك- ل- م- ن والكلمات التي تشملها والتعرف على الحرف الناقص.	كتابة الكلمات و الحروف الجديدة الناقصة
Dialogue asking for groceries in a market.	Asking about prices of grocery items. Listening for and recognizing missing letters.	Reading new vocabulary and new letters. و- هـ- ى - التعرف على الحروف الجديدة.	كتابة الكلمات و الحروف الجديدة.

Plan of Module 3

Module 3	Grammar	Pronunciation	Function	Vocabulary
1st Presentation أرقام وتليفونات	النمرة كام؟ نمرة تليفونك كام؟	Stress on pronouncing numbers.	Asking about telephone numbers.	Vocabulary of different numbers. تدريس الحروف ص- ض- ط- ظ
2nd Presentation السّاعة كام؟	تدريس تعبيرات الساعة المختلفة مثل الساعة كام؟ ساعتك كام لو سمحت؟ إلخ .	Word stress on time vocabulary.	Asking about the time in different ways.	تدريس تعبيرات الساعة و أرقام الساعة المختلفة الحروف ع- غ ف- ق
Remember	Grammar consolidation.			

Plan of Module 4

Module 4	Grammar	Pronunciation	Function	Vocabulary
1st Presentation بكام الكتاب ده؟	السؤال : بكام الكتاب دِه؟ فيه فكّة؟ معاك فكّة عشرة جنية؟ عايز باقي خمسة جنية.	Stress on vocabulary for money.	Dealing with money. Asking for prices.	Vocabulary for money مثال: جنيه- نص جنيه -ربع جنيه- بكام؟- فكة... إلخ.
2nd Presentation أوميجا سوبر ماركت	المفرد المذكر و المؤنث و الجمع مع مفردات البقالة مثال ده كيس- دول كيسين/ ٣ أكياس - دي إزازة - دول أزايز... إلخ.	Stress on grocery objects.	Shopping for food and groceries.	Vocabulary of some food and groceries.
Remember	Grammar consolidation.			

Skills			
Listening	**Speaking**	**Reading**	**Writing**
Dialogue between a husband and his wife asking about the places of kitchen objects.	Students ask each other about class room objects.	قراءة كلمات والتعرف على حروف المدّ.	كتابة الكلمات و حروف المدّ الناقصة.
Two friends talking about a new home and the new address.	Exchanging information about different people and addresses.	قراءة الكلمات و التعرف على التاء المربوطة و المفتوحة.	Filling a blank personal information card. كتابة الكلمات الجديدة باستخدام التاء المربوطة.
`			

Skills			
Listening	**Speaking**	**Reading**	**Writing**
Dialogue between 2 people asking about the location of shops.	Students describe to each other places on a map.	قراءة كلمات والتعرف على الهمزة بأنواعها.	– كتابة كلمات في جمل بإستخدام الهمزة – تدريبات على كتابة الكلمات و الحروف الناقصة
Short dialogues for visitors asking about hotel services.	Role play between a hotel receptionist and a visitor.	قراءة كلمات و التعرّف على ال الشمسيّة والقمريّة.	كتابة الكلمات باستخدام ال الشمسيّة والقمريّة.

Plan of Module 5

Module 5	Grammar	Pronunciation	Function	Vocabulary
1st Presentation فين النضّارة؟	ظرف المكان (فوق تحت – ورا – قدّام إلخ) النفي (مش فوق) حروف المدّ وعلامات التشكيل.	Stress on pronouncing adverb of place.	السؤال عن أماكن الأشياء. Asking about object places.	كلمات مثل : شنطة– باب – صورة – طاسة– أبريق شاي– شوكة – سكينة.. إلخ.
2nd Presentation ساكن في القاهرة الجديدة.	ساكن/ساكنة فين؟ تصريف ساكن مع ضمائر المفرد. النفي: مش ساكن. ساكن في أنهي عمارة؟ دور؟ شقّة؟	Word stress on : ساكن– ساكنة الدور الأوّل– التاني– التالت .. إلخ.	السؤال عن مكان السكن و العنوان. Talking about addresses and where we live.	Cardinal numbers. منطقة– شقّة– عمارة– دور– شارع.. إلخ.
Remember	Grammar consolidation.			
	Revision module 1- 5			

Plan of Module 6

Module 6	Grammar	Pronunciatio	Function	Vocabulary
1st Presentation فين البوسطة؟	فين ال + المكان؟ – امشي على طول. – خش يمين/ شمال. – هناك ال+ مكان. – آسف ماعرفش.	Stress on pronouncing names of places.	Asking about places and directions.	أسماء الأماكن: صيدليّة– قسم البوليس– بوسطة .. إلخ.
2nd Presentation في الفندق	فيه مطعم هنا؟ أيوه فيه/ لا. مافيش الفندق فيه ..؟ فيه/ لا. مافيهوش الكافيتيريا فيها..؟ فيها/ لا. مافيهاش	Word stress on: فيه/ مافيش فيه/ مافيهوش فيها/ مافيهاش	Asking about shops and services in a hotel.	أسماء الخدمات في الفندق مثال: حمّام سباحة/مطعم استقبال/ كشك جرايد.. إلخ.
Remember	Grammar consolidation.			

Skills			
Listening	**Speaking**	**Reading**	**Writing**
A friend talking about her exhausting daily routine.	Students ask each other about their daily habits and routine activities.	قراءة نص حديث تليفوني و كتابة الأفعال الناقصة.	كتابة جمل عن العادات الشخصيّة لكل طالب.
Dialogue between 2 friends talking about their time on the beach.	Exchanging information about 2 friends. Agendas.	قراءة خطاب طالبة لعائلتها تصف حياتها اليوميّة في الدراسة.	كتابة خطاب للأهل أو صديق لوصف الحياة الدراسيّة الجديدة.

Skills			
Listening	**Speaking**	**Reading**	**Writing**
Conversation between a student and a tour guide.	Students ask about each other's jobs. Talking about other people's jobs.	قراءة إعلانات عن وظائف.	- كتابة الوظائف و الأفعال الناقصة. - كتابة طلب وظيفة.
Conversation between an old friend visiting a colleague in his house.	Role play. A guest visiting his friend.	قراءة دعوة لحضور حفلة من صديق لزميل في الدراسة.	كتابة دعوة للأصدقاء لحضور حفلة عيد ميلاد.

Plan of Module 7

Module 7	Grammar	Pronunciation	Function	Vocabulary
1st Presentation أنا باصحى بدري قوي	الفعل المضارع للعادة الفعل المضارع المستمرّ ب + يشرب	Stress on pronouncing new verbs.	Talking about habits and daily routine actions.	الأفعال اليوميّة: باصحى – باشرب – بافطر – باخد دش ..إلخ.
2nd Presentation مشغول كلّ الأسبوع	نفي الفعل المضارع ما + ب + يروح + ش ما + ب + الفعل + ش	Word stress on negation of the present continuous tense.	Talking about different habits and activities.	أيّام الأسبوع أفعال الأجازة.
Remember	Grammar consolidation.			

Plan of Module 8

Module 8	Grammar	Pronunciation	Function	Vocabulary
1st Presentation أ – هيّ دكتورة. ب– باشتغل بيّاع في الصيف	١– الجملة الإسميّة نفي الجملة الإسميّة أسماء الوظّائف مع المذكّر و المؤنّث. ٢– الجملة الفعليّة و نفيها.	Stress on pronouncing the names of different jobs.	Talking about jobs and working places.	اسماء الوظائف اسماء أماكن العمل
2nd Presentation أهلاً و سهلاً شرّفتي	لغة العزومة تشرب شاى؟ فعل مضارع من غير ب.	Stress on greetings and invitation phrases vocabulary.	The language of greetings. Offering food and help for guests.	كلمات التحيّة و الترحيب للضيوف. لغة العزومة للزائروالضيف.
Remember	Grammar consolidation.			

Skills			
Listening	**Speaking**	**Reading**	**Writing**
Short conversation about choosing different movies.	Asking friends about their weekly timetable.	قراءة رسالة إلكترونيّة من صديق لدعوة سنيما.	كتابة ردّ لدعوة سنيما بالقبول أو الرفض.
	Exchanging information about numbers of a plane ticket, passport, and ID cards.	Vocabulary and new letters of: و التعرف على الحروف الجديدة.	Filling an empty plane ticket. كتابة الكلمات و الحروف الجديدة.

Skills			
Listening	**Speaking**	**Reading**	**Writing**
Conversation at the bus station to reserve a ticket.	Role play between an airline employee and a client.	قراءة لوحة المواعيد في محطة القطار بالقاهرة.	كتابة ميعاد السفر – رقم القطار – ميعاد الوصول لزيارة زميل في أسوان.
At the cafeteria. A customer is ordering food.	Role play between a guest in a restaurant and a waiter.	Reading a restaurant menu. A recipe to make cocktails.	كتابة وصفة لعمل عصير كوكتيل.

Plan of Module 9

Module 9	Grammar	Pronunciation	Function	Vocabulary
1st Presentation أفلام و أفلام	الدعوة: فاضي تروح معايا؟ تصريف فاضي/ معايا مع الضمائر النفي: مش فاضي .	Stress on pronouncing different invitation styles.	Inviting, apologizing, giving excuses.	- كلمات وتعبيرات الدعوة و الطلب. - كلمات وتعبيرات الإعتذار.
2nd Presentation أىّ هديّة؟	السؤال: أشتري + ل + اسم إيه؟ أجيب + ل+ اسم + إيه؟ هوّ بيحب إيه؟	Word stress on question expressions for gift suggestions.	Talking about: Gift giving. People's likes and dislikes.	كلمات لأنواع هدايا مختلفة مثال: ورد- كرافتّة بنطلون- قميص.. إلخ.
Remember	Grammar consolidation.			

Plan of Module 10

Module 10	Grammar	Pronunciation	Function	Vocabulary
1st Presentation قطر وللا تاكسي؟	- تعبيرات لغة التاكسي. - تعبيرات لحجز تذكرة القطر.	Stress on pronouncing درجة أولى/ درجة تانية/ مكيّف/ فاضي يا أسطى؟	Asking for services: taxis, train reservations.	فاضي/ على فين؟ على الناصية رصيف نمرة كام؟ بيقوم السّاعة كام؟ بيوصل إمتى؟ إلخ.
2nd Presentation تطلب إيه؟	تعبيرات لطلب الطعام من الجارسون في المطعم.	Word stress on different kinds of food.	Asking for service in a restaurant and ordering food.	اسماء أنواع الأطعمة المختلفة سمك فيليه/ فراخ مشويّة/ لحمة محمرة ..إلخ.
Remember	Grammar consolidation.			
	General revision			

Kallimni 'Arabi Bishweesh

Transliteration Key

Vowels		Consonants			
ا	a	ن	n	ب	b
و	w/u/o	ص	s̲	ت	t
ى	y/i/e	ض	d̲	ث	th
ءَ	ā	ط	t̲	ج	g
ءِ	ē	ظ	z̲	ح	h̲
ءُ	ō/ū	ع	ع	خ	kh
Long Vowels		غ	gh	د	d
Long o	oo	ف	f	ذ	dh
Long u	uu	ق	*q	ر	r
Long e	ee	ك	k	ز	z
Long i	ii	ل	l	س	s
		م	m	ش	sh
				هـ	h

مع ملاحظة أن:

١- حرف (ق) (q̲) يُنطق (ā) بالعامية المصرية في أغلب الكلمات.

٢- يتكرر الحرف الاول من الكلمة المعرّفه بعد اداة التعريف مع اللام الشمسيه كما توجد (-) بين الحرفين المكررين.

٣- الحروف المشدده مكرره.

٤- اسماء الاشخاص و البلاد و الاماكن و الجنسيات تبدا بحروف (capital)

الوحدة الأولى

محتويات الموضوعات في الوحدة الأولى

- **تقديم (١)**: تحيّات / اعتذرات تدريس حروف (أ / ب/ ت/ ث).
- **تقديم (٢)**: التحيّات و التعارُف و الجنسيّات تدريس (ج / ح/ خ).

فهرس الكلمات الجديدة في وحدة ١

تقديم (١أ):

صباح الخير ــ صباح النور ــ مساء الخير ــ مساء النــور ــ إزيّــك؟ – الحمد لله ــ كويّس ــ اسمي.

تقديم (١ب):

آسف ــ معلش ــ خلاص ــ عامل إيه؟ ــ كلّه تمام ــ الحمد لله ــ سلام ــ مع السّلامة ــ الله يسلّمك ــ أشوفَك بُكرة ــ إن شاء الله.

تقديم (٢أ):

الجنسيّات ــ مصري ــ أمريكي ــ إِنْجليزي ــ هِنْــدي ــ أنــا مــش مــن أمريكا. أنا من .. ــ إنت منين؟

تقديم (٢ب):

اتْشَرّفْنا ــ الشَرَف ليّا ــ حضرتك ديفيد؟ ــ لا أنا مش ديفيد.

تقديم (١أ)

أهلاً و سهلاً

اسمع و كرّر مع المدرّس.

٢

فلورانس	صباح الخير. أنا اسمي *فلورانس*. إنتي اسمْك إيه؟
سلمى	صباح النور. أنا اسْمي *سلمى*. إنتي منين يا *فلورانس*؟
فلورانس	أنا من *فرنسا* .. و إنتي منين؟
سلمى	أنا من *لبنان*.
فلورانس	أهلاً و سهلاً.
سلمى	أهلاً بيكي.

كرّر الحوار مع زميلك.

٣

خالد	مساء الخير. أنا اسْمي *خالد* .. و إنتَ اسْمَك *جون*؟
ديفيد	مساء النور. لا أنا اسْمي مش *جون* .. أنا اسْمي *ديفيد*. إنتَ منين؟
خالد	أنا من *السعوديّة* .. و حضرتَك منين؟
ديفيد	أنا من *أمريكا*.
خالد	أهلاً و سهلاً.
ديفيد	أهلاً بيك.

كرّر الحوار مع زميلك.

٤

لاحظ القواعد

(١)

للتحيّة	الردّ	سؤال	الردّ
صباح الخير	صباح النور	إنت اسْمَك إيه؟	أنا اسْمي *شريف*.
مساء الخير	مساء النور	إنت اسْمَك *مايكل*؟	لا اسْمي مش *مايكل*.
أهلاً و سهلاً	أهلاً بيك (إنت)	اسْمَك *مايكل*؟	أيوه اسْمي *مايكل*.
أهلاً و سهلاً	أهلاً بيكي (إنتي)	اسْمي + مش *مايكل*/ = مش + *مايكل*	

٥

(٢) الضمائر

أنا	إنت	إنتي	هوّ	هيّ
اسْمي	اسْمَك	اسْمك	اسْمُه	اسْمَها

النطق

٦

اسمع المدرّس و كرّر بعده.

اسمي *أحمد* ــ اسمها *منى* ــ اسمه *عادل* ــ اسمي *فاتن*.

التدريبات

تدريب(١أ – أ(١))

اسمع كلّ حوار و قول هوّ اِسْمُه إيه؟ و هوّ منين؟

تدريب (١أ – أ(٢))

مين ده؟ مين دي؟

الناس دول في حفلة. قول مين ده و منين؟/ مين دي و منين؟

تدريب (١أ – ب(١))

١- جاوب: إيه الضمير في كلّ صورة؟

٢- اعمل حوار قُصيّر مع زميلك عن كلّ صورة زيّ المثال.

صباح الخير .. أنا اسْمي .... إنت منين؟

(١)

(٢)

(٣)

(٤)

(٥)

(٦)

تدريب (١أ – ب(٢))

٩

(١) اسمع من المدرّس و قول الكلمة الناقصة.

١- هوّ ....عادل. ٢- إنت ....أحمد؟

٣- هيّ ....نادية. ٤- إنتي ....هالة؟

(٢) اسمع من المدرّس الجواب و قول إنت السؤال.

١- .... ؟ اسمي عادل. ٢- ....؟ هوّ من *ألمانيا* .

٣- .... صباح النور. ٤- ....؟ لا أنا مش *عادل*.

(٣) اسمع المدرّس و قول الضمير.

أ- اسْمُه فادي. ب- اسْمَها نانسي. ج- اسْمَك يوسف.

تدريب (١أ – ج)

اتعرّف على زمايلك و قدّم نفسك. اسأل عن بلادهم.

الإسم	البلد
١- ٢- ٣-	

نصّ الاستماع لتدريب (١أ – أ(١)): ٧

١– هوّ اسْمُه *ديف*. هوّ من *إنجلترا*.

٢– هيّ اسْمَها *نانسي*. هيّ من *أمريكا*.

٣– أنا اسْمي عبد *الله*. أنا من *السعوديّة*.

٤– أنا اسْمي *فيولا*. أنا من *فرنسا*.

نصّ الاستماع لتدريب (١أ – أ(٢)): ٨

فاتن	مين دي يا *أسامة*؟
أسامة	دي *فلورانس*.
فاتن	هيّ منين؟
أسامة	هيّ من *فرنسا*.
فاتن	و ده *مارك*؟
أسامة	لا ده مش *مارك* ده جيم.
فاتن	هوّ منين؟
أسامة	هوّ من *أستراليا*.

تقديم (١– ب)

المصريين بيقولوا إيه؟

بصّ للصورة و كرّر بعد المدرّس.

علي: سلام.
نادية: مع السّلامة.
علي: الله يسلِّمك.
نادية: أشوفَك بُكْرة؟
علي: إن شاء الله.

١٠

ماجدة: شكراً يامتر.
جارسون: العفّو أي خدمة.

١١

محمّد: أنا آسف.
سونيا: لا معلش. مافيش مُشكلة.

١٢

١٣

اسمع و كرّر.

نادية	عامل إيه يا سمير؟ إزّيك؟
سمير	الحمد لله كويّس .. و إنتي عاملة إيه؟
نادية	كلّه تمام الحمد لله.

لاحظ القواعد

١٥

١٤

الردّ	العبارة	الردّ	العبارة	ضمير
معلش. مافيش مشكلة.	أنا آسف/ آسفة.	مع السّلامة. الله يسلّمك.	سلام. مع السّلامة.	
كويّس.	عامل إيه؟	إن شاء الله.	أشوفَك بُكْرة.	إنت
كويّسة. كلّه تمام الحمد لله.	عاملة إيه؟	إن شاء الله.	أشوفِك بُكْرة.	إنتي

١٦

النطق

كرّر بعد المدرّس.

آسِفْ ــ آسْفَة ــ مع السّلامة ــ أشوفَك بُكْرة ــ أشوفِك بُكْرة ــ مَعْلِش ــ كُلّه تمَام

التدريبات

تدريب (١ب – أ)

وصّل.

(أ)	مع	(ب)
أنا آسفة.		كلّه تمام الحمد لله.
عاملة إيه؟		معلش. مافيش مشكلة.
سلام.		كويّس الحمد لله.
إزّيك عامل إيه؟		الله يسلّمَك.
مع السّلامة.		إن شاء الله.
أشوفَك بكرة.		الله يسلّمِك.

تدريب (١ب – ب)

اسمع و اكتب رقم الحوار تحت الصورة. اختار صورة. كرّر الحوارات مع باقي الزملاء.

(٣)  (٢)  (١) 

تدريب (١ب – ج)

اختار صورة و مثّل الحوار مع زميلك.

<u>نصّ الاستماع لتدريب (١ب – ب)</u>

حوار (١)

 ١٧

ليلى	سلام يا*حسام*. أشوفَك بُكرة.
حسام	مع السّلامة يا *ليلى*. أشوفِك بُكرة إن شاء الله.

حوار (٢)

 ١٨

ماجد	أنا آسف قوي.
سونيا	خلاص معلش .. مافيش مُشكلة.

حوار (٣)

 ١٩

ناجي	إزّيك يا نِهاد .. عاملة إيه؟
نهاد	أهلاً يا ناجي .. الحمد لله كويّسة .. و إنت عامل إيه؟
ناجي	كويّس قوي الحمد لله.

القراءة و الكتابة

حرف أ

(١) اسمع و كرّر مع المدرّس. ٢٠

أَ إِ أُ آ

أنا

إِنت

أُسامة

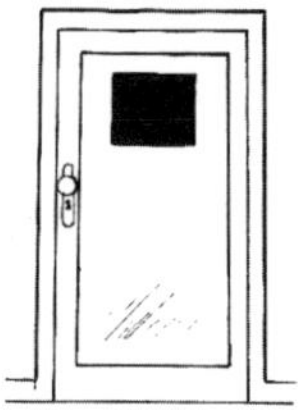
باب

الحرف في الأوّل= أحمد في النصّ= باب في الآخر= ماما ألف مدّ= بابا

(٢) اكتب الحرف الناقص.

أنا إِنت أُسامة بآب

---- ----- ------ -------

(٣) اسمع من المدرّس و اكتب الحرف الصحيح: (أَ/ إِ/ أُ/ آ). ٢١

بآب أُخت إِنتي إِنت أَنا أُسامة

النطق

كرّر مع المدرّس (اكتب التشكيل على الألف).

أنا - أهلا - أب - *أحمد* - إنت - إنتي - إنتو - *أسامة* - أخت - أم - *أمال* - باب.

(٤) حُطّ خَطّ تحت حرف الألف اللي تسمعه. ٢٢

مالطا - أمريكا - اليابان - فرنسا - إحنا - *إحسان - أمال - طنطا* .

حرف ب

٢٣

(١) اسمع و كرّر بعد المدرّس.

بُ	بِ	بَ

بُ ــ بُرتقان	بِ ــ بِنت	بَ ــ بَابا
في الآخر = أب	في النُصّ = صباح	الحرف في الأول = باب

(٢) اكتب الحرف الناقص.

بَـ - ــابَـ ــا   بِ - نت   بُ - رتقان

٢٤

(٣) اسمع من المدرّس و اختار الحرف الصحيح: (بَ/ بِ/ بُ).

بَـصل   بِـيضة   بُـكرة

النطق

كرّر بعد المدرّس.

بَ: بَابَا ــ بَاب ــ بَصَل.

بِ: بِيت ــ بِيرة ــ بِسْكلتّة.

بُ: بُرتقان ــ بُثَيْنة ــ بُلْبُل.

حرف ت

٢٥

(١) اسمع و كرّر بعد المدرّس.

تُ	تِ	تَ

تُفّاحة	تِليفون	تَرابيزة
في الآخر = أخت	في النصّ = كتاب	الحرف في الأول = تَمر

(٢) اكتب الحرف الناقص.

- رابيزة   - ليفون   - فاّحة

(٣) اسمع من المدرّس و اختار الحرف الصحيح: (تَ/ تِ/ تُ).

٢٦

- فاّحة   - رابيزة   - ليفون

النطق

كرّر بعد المدرّس.

تَ: تَمَام - تعَالَى - تاج.

تِ: تيتة - تمساح - ترير!

تُ: تُفّاح - تُوت - تُراب.

حرف ث

٢٧

(١) اسمع و كرّر بعد المدرّس.

(ملاحظة: أحياناً يتنطق الحرف ده (ت) في العامية و يتنطق أكتر في الفصحى)

ثَ   ثِ   ثُ

ثَعلب

ثِمار

ثُوم

الحرف في الأوّل = ثانية   في النصّ = مثال   في الآخر = تلوّث

(٢) اكتب الحرف الناقص.

- علب   - مار   - و م

(٣) اسمع من المدرّس و اختار الحرف الصحيح: (ثَ/ ثِ/ ثُ).

٢٨

- وم   - علب   - مار

النطق

كرّر بعد المدرّس.

ثَ   ثَناء - ثانية - ثَابت

ثِ   ثِمَار - ثِياب - ثِقة

ثُ   ثُوم - ثُومة - ثُعبان

تدريبات عامة

تدريب (١)

اكتب.

(١)

أ	أ	ـــا	ـــأ
–	–	–	–
–	–	–	–

(٢)

ب	بـــ	ـــبـــ	ـــب
–	–	–	–
–	–	–	–

(٣)

ت	تـــ	ـــتـــ	ـــت
–	–	–	–
–	–	–	–

(٤)

ث	ثـــ	ـــثـــ	ـــث
–	–	–	–
–	–	–	–

تدريب (٢)

اسمع و اكتب الناقص.

ب– يت   بُ– رتقان   بـ– نت   أ– سد   أ– رنب

إ– حنا   عنـب –   ثـ علب   كـتـاب   ثـ– وم

– سامة   بـا– بـا–   أخَتي   – فاّح   تـ– اج

نصّ الاستماع لتدريب (٢)

٢٩

بِيت	بُرتقان	بِنت	أَسد	أَرْنَب
إِحنا	عِنب	ثَعلب	كِتَاب	ثُوم
أُسامة	بَابا	أُخْتي	تُفّاح	تَاج

تقديم (٢)

أنا من البلد دي

بصّ للصوّر و كرّر بعد المدرّس.

هوّ منين؟ هوّ من المغرب. هوّ /هيّ إيه؟ هوّ مغربي. هيّ مغربيّة.

٣٠

تابع تقديم (٢)

لا أنا مش أجنبي

الناس دول في كافيتريا المعهد.

اسمع و جاوب: علي سوري؟

علي	أهلاً إزّيك يا *جريتا* .. عاملة إيه؟
جريتا	الحمد لله كويّسة .. و إنت عامل إيه؟
علي	الحمد لله أنا كويّس. إنتي منين يا *جريتا* ؟
جريتا	أنا من *ألمانيا* .. أنا ألمانيّة. و إنت منين؟ من *سوريا*؟ إنت سوري؟
علي	لا أنا مش سوري .. أنا من مصر. أنا مصري.
جريتا	أهلاً و سهلاً .. اتْشَرّفْنا.
علي	أهلاً بيكي .. الشّرَف ليّا.

٣١

لاحظ القواعد

(١)

الضمير	للتحيّة	الردّ
إنت	إزّيك؟ عامل إيه؟	كويّس الحمد لله.
إنتي	إزّيك؟ عاملة إيه؟	كويّسة الحمد لله.
أنا / إحنا	اتْشرّفْنا.	الشّرَفْ ليّا.

(٢) الجنسيّات و الصفة **الردّ**

٣٢

إنت من *أسبانيا* .. إنت أسباني؟ — لا أنا مش أسباني .. أنا مكسيكي.

إنتي يابانيّة؟ — أيوه .. أنا يابانيّة.

الإيجاب original	النفي Negative
أيوه أنا من + البلد أنا + الجنسيّة (الصفة)	لا أنا مش من + البلد أنا مش + الجنسيّة (الصفة)
الصفة مذكّر مصري	الصفة مؤنّث مصريّة

٣٣

النطق

اسمع من المدرّس و كرّر.

مصري/ مصريّة – إنجليزي/ إنجليزيّة – فرنساوي/ فرنساويّة – ألماني/ ألمانيّة

التدريبات

تدريب (٢ - أ)

اسمع و قول جنسيّة كلّ واحد إيه؟ رتّب الصور.

أنا *هانز*.. أنا من ..... أنا *مارسيل* .. أنا من .....*سانتوس* من ..... كيكو من ....

أنا .... أنا .... هوّ .... هيّ ....

تدريب (٢ - ب(١))

(١) استعمل الأعلام و اسأل عن البلاد. اتكلّم مع زميلك زي الحوار ده.

إنت من *كوريا*؟ - أيوه أنا من *كوريا* .. أنا كوري.

أو - لا أنا مش من *كوريا* .. أنا مش كوري أنا ....

(٢) استعمل بلاد تانية و غيّر الزميل.

تدريب (٢- ب(٢))

حضرتَك دكتور ديفيد؟

كلمات مفيدة: حضرتَك/ حضرتك/ أستاذ/ مين؟

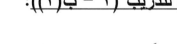

الناس دول في الفندق و عايزين يتعرّفوا على بعض.

١- اسمع و قول مين بيتكلّم في الصورة؟

٢- كرّر الحوارات مع زميلك.

تدريب (٢- ج)

١- اتعرّف على زميلك في الفصل - قدّم نفسك.

٢- حاول تعرف كام جنسيّة معاك في الفصل و نوعها.

٣- كرّر مع الزملاء في كلّ المعهد نفس التدريب.

اسم الطالب	الجنسيّة
مارك	إنجليزي

٤- اسأل الزملاء في المعهد أو في جامعتك عن أستاذ العربي بتاعهم و حاول تعرف مين هوّ و منين؟

نصّ الاستماع لتدريب (٢ - أ) ٣٤

أنا اسْمي *هانز*.. أنا من *الدانمارك*.

هيّ اسْمَها كيكو.. هيّ من *اليابان*.

هوّ اِسْمُه *سانتوس*.. هوّ من *البرتغال*.

أنا اسْمِي *مارسيل*.. أنا من *بلجيكا*.

نصّ الاستماع لتدريب (٢ - ب(٢)): ٣٥

حوار (١)

مصطفى	حضرتَك دكتور *ديفيد*؟
ديفيد	أيوه أنَا دكتور *ديفيد*. مين حضرتَك؟
مصطفى	أنا اسْمي *مصطفى*.. من *تونس*. أنا تونسي.
ديفيد	أهلاً و سهلاً و أنا هولندي.
مصطفى	أهلاً بيك يادكتور *ديفيد*.. تَشَرّفْنا.

حوار (٢)

٣٦

إيريك	أنا *إيريك* من *بلجيكا*.. أنا بلجيكي و حضرتِك مين؟
بريجيت	أنا *بريجيت* من *الدانمارك*. أنا دانماركيّة.
إيريك	و عاملة إيه في مصر.. كويّسة؟
بريجيت	كويّسة قوي الحمد لله.

حوار (٣)

٣٧

سلمى	حضرتَك أستاذ عبد *الله*. إنت أردني مش كده؟
هشام	لا أنا مش عبد *الله*.. و مش أردني. أنا اسمي *هشام*. و أنا كويتي.
سلمى	آه. أهلاً و سهلاً تَشَرّفْنا. أنا *سلمى*. لبنانيّة.
هشام	أهلاً و سهلاً يامدام *سلمى* .. الشَرَف ليّا.

<u>القراءة و الكتابة</u>

<u>حرف ج</u>

٣٨

(١) اسمع و كرّر بعد المدرّس.

جَ	جِ	جُ

جَمل	جِنينة	جُورنال

الحرف في الأول = جِمال   في النصّ = نجَاح   في الآخر = علاج

(٢) اكتب الحرف الناقص.

- مل   - نينة   - ورنال

٣٩

(٣) اسمع من المدرّس و اختار الحرف الصحيح: (جَ/ جِ /جُ).

- ورنال   - مل   - نينة

حرف ح

٤٠

(١) اسمع و كرّر بعد المدرّس.

حَ	حِ	حُ
	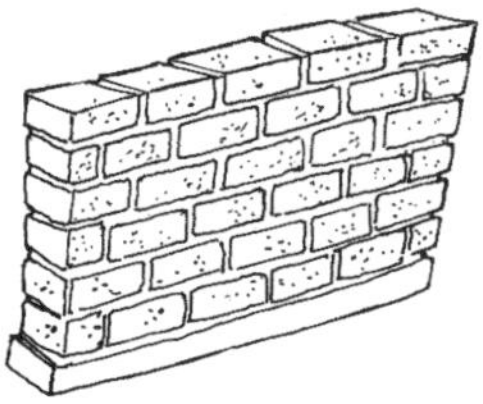	
حَفلة	حِيطة	حُصان

الحرف في الأول = حَمَام

في النصّ = تَحْت

في الآخر = صبَاح

(٢) اكتب الحرف الناقص.

– فلة   – يطة   – صان

٤١

(٣) اسمع من المدرّس و اكتب الحرف الصحيح: (حَ/ حِ /حُ).

– صان   – فلة   – يطة

حرف خ

٤٢

(١) اسمع و كررّ بعد المدرّس.

خَ	خِ	خُ

خَس	خِيار	خُضار

الحرف في الأوّل = خاتم

في النصّ = نخلة

في الآخر = بطيخ

(٢) اكتب الحرف الناقص.

– س   – يار   – ضار

٤٣

(٣) اسمع من المدرّس و اكتب الحرف الصحيح: (خَ/ خِ /خُ).

– ضار   – س   – يار

تدريب عام

(١)

جـ	ـجـ	ـج
–	–	–
–	–	–

(٢)

حـ	ـحـ	ـح
–	–	–
–	–	–

(٣)

خـ	ـخـ	ـخ
–	–	–
–	–	–

٤٤

(١) اسمع و اكتب الحرف الناقص: (ج/ ح/ خ).

تو– و　　　أورو– واي　　　البـ ــرين　　　ال– ليــ –

(توجو)　　　*(أوروجواي)*　　　*(البحرين)*　　　*(الخليج)*

٤٥

(٢) اسمع و اكتب الحرف الناقص: (أ/ ب/ ت/ ث/ ج/ ح/ خ).

١- كتاــ	٢- ــ نا	٣- ــ يار	٤-خَـس	٥- ــ طيخ
٦- تفــ حة	٧- ــ ضار	٨- عـبـ اتم	٩- ــ و م	١٠- بنــ ــ
١١- ــرتقانة	١٢- حـيطة	١٣- بلــ ــ	١٤- حمــ ر	١٥- ــ نينة

النطق

٤٦

اسمع و كرّر بعد المدرّس.

جِمال　　　خِيار　　　خَس　　　حُمار　　　جُورنال

جَمل　　　حِيطة　　　نخلَة　　　بطّيخ　　　شجرة

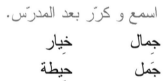

نصّ الاستماع لتدريبِ (٢)

كتاب – أنا – خيار – خس – بطيخ – تفّاح – خُضار – خاتم – ثوم – بِنت – بُرتقان – حيطة – بَلح – حَمار – جنينة

افتكـــــر

(١)

للتحيّة	الردّ
صبَاح الخير. مَساءِ الخيرِ. أهلاً و سهلاً. اتشرّفنا.	صبَاح النور. مَساءِ النور. أهلاً بيك/ بيكي. الشرَف ليّا.

(٢) للتعارّف

حضرتِك مين؟ أنا ....

حضرتِك أحمد؟ لا أنا مش أحمد./ أيوه أنا أحمد.

(٣) الجنسيّة و الصفة

مصري	أمريكي	برتغالي	هندي	إنجليزي	فرنساوي
مصريّة	أمريكيّة	برتغاليّة	هنديّة	إنجليزيّة	فرنساويّة

(٤) النفي مع الاسم أو الصفة

لا مش مصري. مش + صفة

لا أنا مش أحمد. مش + صفة

(٥) الضمائر و الأسماء

أنا	إنت	إنتي	هيّ	هوّ
اِسْمي	اسْمَك	اسْمِك	اسْمَها	اسْمُه

(٦) النفي لا أنا اسْمي مش جون

(٧) تعارّف و اعتذارات

التحيّة	الردّ
عامل/ عاملة إيه؟	الحمد لله كويّس. كلّه تمام الحمد لله.
آسف.	مَعْلش.
سلَام.	معَ السلامة.
مع السّلامة.	الله يسلّمك.
أشوفَك/ أشوفك بُكرة.	إنْ شاء الله.

الوحدة الأولى
Unit 1

Page 2 Presentation 1a صفحة ٢

٢

Florence	sabah elkheer. āna ēsmi Florence. ēnti ēsmik ēh?
Salma	sabah en-nuur. āna ēsmi Salma. ēnti mineen ya Florence?
Florence	āna min Faransa, we ēnti mineen?
Salma	āna min Libnan
Florence	āhlan wa sahlan.
Salma	āhlan biki.

٣

Khalid	masa ēlkheer. āna ēsmi Khalid we ēnta ēsmak John?
David	masa ēn-nuur. la āna mish ēsmi John āna ēsmi David. ēnta mineen?
Khalid	āna min Ēs-sعudiyah we hadretak mineen?
David	āna min Āmriika.
Khalid	āhlan wa sahlan.
David	āhlan biik.

Page 3 Pronounciation صفحة ٣ ٦

en-notq: ēsmi Āhmad – ēsmaha Mona – ēsmoh عadil – ēsmi Fatin.

Ēt-tadriibat

Page 5 **صفحة ٥**

Tadriib ((1)أ – أ1):- listening text

Listen to every dialogue and say where is he/she from?

٧

1- howwa ēsmoh Dave. howwa min Ēngiltera.

2- heyya ēsmaha Nancy. heyya min Āmriika.

3- āna ēsmi عabdallah. āna min Ēs-sعudiya.

4- āna ēsmi Viola. āna min Faransa.

Page 5 **صفحة ٥**

Tadriib ((2)أ – أ1):- listening text

Miin da? Miin di (Who is he? Who is she?)

Say who is he/she? Where is he/she from?

٨

Fatin	miin di ya Ūsama?
Ūsama	di Florence.
Fatin	heyya mineen?
Ūsama	heyya min Faransa.
Fatin	we da Mark?
Ūsama	la da mish Mark. da Jim.
Fatin	howwa mineen?
Ūsama	howwa min Ōstralia.

Page 4 صفحة ٤

Tadriib ((1)ب – أ1) answer:

1. What is the pronoun in each picture?

2. Make a dialogue like the example:

sabah elkheer, āna ēsmi .. ēnta mineen?

Tadriib ((2)ب – أ1):-

Listen and fill in the blanks:

(1)

٩

1- howwa .... عadil

2- Ēnta .... Āhmad.

3- heyya .... Nadia

4- Ēnti .... Hala.

(2)

Listen to the answer from your teacher and make a question:

1 - ....? ēsmi عadil

2 - .... ? howwa min Ālmania

3 - ....! sabah en-nuur

4 - .... la āna mish عadil

Page 4 صفحة ٤

Tadriib (أ1 – ج):-

Introduce yourself:

ēlbalad (country)	ēlēsm (name)

Presentation (1 – ب):- Page 5 صفحة ٥

Ēlmas̱ryiin biyq̱ulu ēh? (What do the Egyptians say?)

١٠

ɛali	salam.
Nadia	maɛa as-salama.
ɛali	āllah yisallemik.
Nadia	āshuufak bokra.
ɛali	ēnsha āllah.

١١

Magdah	shukran ya mitr.
Garsoon	ēlɛafw. āy khidma

١٢

Mahammad	āna āasif
Sonya	la. maɛlesh, mafiish moshkila.

Page 6 صفحة ٦

Listen and repeat:

١٣

Nadia	ɛamil ēh ya Samiir? ēzzayyak?
Samiir	ēlẖamdu lillah, kwayyis we ēnti amlah eh?
Nadia	ēlẖamdu lillah kolo tamam.

Ēt-tadriibat

Page 6 صفحة ٦

Tadriib (أ – ب1): connect a and b:

(أ)	Maعa (with)	(ب)
Āna āasfa.		Kollo tamam ēlhamdu lillah.
عamlah ēh?		Maعlesh. mafiish mushkila.
Salam.		Kwayyis ēlhamdu lillah.
Ēzzayyak. عamel ēh?		Āllah yisallemak
Maعa as-salama.		Ēnsha āllah.
Āshuufak bokra.		Āllah yisallemek.

Page 7 صفحة ٧

Tadriib (1(ب) – ب): Listening texts

Listen and write the number of the dialogue under the correct picture:

Dialogue 1 ١٧

Layla	Salam ya Husam. āshuufak bokra.
Husam	Maعa ssalama ya Layla. āshuufik bokra ēnsha āllah.

Dialogue 2 ١٨

Magid	Āna āasif qawi.
Sonia	Khalas maعlesh. mafiish moshkila.

Dialogue 3

Nagi	Ēzzayyik ya Nihad. عamla ēh?
Nihad	Āhlan ya Nagi. ēlhamdu lillah kwayyisa, we ēnta عamil ēh?
Nagi	Kwayyis qawi ēlhamdu lillah.

Choose a picture and repeat the dialogue with your partner.

Page 12 Presentation 2 صفحة ١٢

āna min ēlbalad di (I am from this country)

Look at the picture and repeat after the teacher:

howwa mineen? howwa min Ēlmaghrib

Bakistani	Hindi	Torki	Ērani
Maksiki	Āmriiki	Kanadi	Masri
Sعudi	عiraqi	Suri	Sini
Āsbani	Maghribi	Maghribi	Sudani
Ēnglizi	Yabaniyyah	Rusi	Ānduniisi
Ālmani	Ghini		

Continued presentation 2

Page 13 صفحة ١٣

la āna mish āgnabi (No I am not a foreigner) ٣٠

These people are in the institute's cafeteria. Listen and answer: Is عali Syrian?

عali	āhlan ēzzayyik ya Greta, عamla ēh?
Greta	ēlhamdu lillah kwayyisa, we ēnta عamil ēh?
عali	ēlhamdu lillah āna kwayyis. ēnti mineen ya Grita?
Greta	āna min Ālmania, āna Ālmaniyya. we ēnta mineen? min Suria? ēnta Suri?
عali	la āna mish Suri, āna min Masr. Āna Masri.
Greta	āhlan wa sahlan, ētsharrafna.
عali	āhlan biki. ēsh-sharaf liyya.

Ēt-tadriibat

Page 14 صفحة ١٤

٣٤

Tadriib (أ – 2): Listen and say the nationality

āna ēsmi Hanz, āna min Ēd-dinmark.

heyya ēsmaha Kiko. heyya min Ēlyaban.

howwa ēsmoh Santos. howwa min Ēlbortoghal.

āna ēsmi Marseel. āna min Baljiika.

āna Hanz āna min ………	āna Marseel āna min ………………
āna ………………………	āna ………………………………....
Santos min ……………....	Kiko min …………………………...
howwa …………………….	heyya ………………………………..

Page 14 صفحة ١٤

Tadriib ((1)ب - 2) Use flags to ask about the country. Follow the example to form a dialogue:

(أ) Question: ēnta min Korya? Answer: āywa āna min Korya. āna Kori.

la āna mish min Korya.

or āna mish Kori āna…..

(ب) Change the flag and your partner.

Tadriib ((2)ب - 2):- Page 15 صفحة ١٥

Kalimat Mufiida (useful vocabulary): hadretak/ hadretik/ ūstaz/ miin?

hadretak doktoor David? (Are you Doctor David?)

1. Listen and say who is talking.
2. Repeat the dialogue with your partner.

Tadriib ((2)ب - 2):- Page 15 ١٥ صفحة (Listening texts):

Dialogue 1

٣٥

Mus̲tafa	h̲ad̲retak doktoor David?
David	āywa āna doktoor David. Miin h̲ad̲retak?
Mus̲tafa	āna ēsmi Mus̲tafa min Tuunis. āna Tuunisi.
David	āhlan wa sahlan, we āna Holandi.
Mus̲tafa	āhlan biik ya doktoor David. tasharrafna.

Page 16 ١٦ صفحة

Dialogue 2

٣٦

Ērek	āna Ērek min Baljiika. āna Baljiiki, we h̲ad̲retik miin?
Berejiit	āna Berejiit min Ēd-dinmark. āna Dinmarkiya.
Ērek	we ع amla ēh fi Mas̲r. kwayyisa?
Berejiit	kwayyisa q̲awi ēlh̲amdu lillah.

Dialogue 3

٣٧

Salma	h̲ad̲retak ūstaz ع abdallah. ēnta Ūrduni mish keda?
Hisham	la āna mish ع abdallah, we mish Ūrduni. āna ēsmi Hisham. āna Koweiti.
Salma	āh. āhlan wa sahlan, tasharrafna. āna Salma. Libnaniya.
Hisham	āhlan wa sahlan ya madam Salma. ēsh-sharaf liyya.

<u>الوحدة التانية</u>

محتويات الموضوعات في الوحدة التانية

- **تقديم (١)**: التعرّف على مفردات الفصل – السؤال عن الأستاذ.
  التعرّف على أدوات الإشارة للمؤنّث و المذكّر في العاميّة.
  تدريس حروف (د/ ذ).

- **تقديم (٢)**: التعبير عن ملكيّة الأشياء.
  تدريس حروف (ر/ ز/ س/ ش).

فهرس الكلمات الجديدة في وحدة ٢

<u>تقديم (١):</u>

ده – باب – فَصْل – طالِب – مُدرِّس – كِتاب – سَبَتْ – كُرْسي – قَلَم – شُبّاك – دي ساعة – حِيطة – كرّاسة – مُدرّسة – طالبة – ترابيزة – سُبّورة.

<u>تقديم (٢):</u>

دي شْمسِيّة – مَحْفَظَة – نَضّارة – مِجَلّة – جَوانْتي – كاميرا.

تقديم (١)

في الفصل

١

ادرس المفردات. اسمع و كرّر بعدالمدرس. اكتب المفردات في اللستة.

إيه ده؟	إيه دي؟
باب - مَكْتَب - طالِب -	طالِبة - تَرابيزة - سَاعة -

٢

ده كْتاب؟ لا. ده مش كِتاب. ده قلم. 	دي سَاعة؟ لا. دي مش سَاعة. دي ترابيزة. 
مين ده؟ ده طالِب. 	مين دي؟ دي طالِبة.  ٣ 

لاحظ القواعد

٤ ٥

إيه ده؟ للمذكّر	إيه دي؟ للمؤنّث
ده فَصْل/ باب ده طالِب/ مُدرّس ده كْتاب/ سبت ده كُرْسي/ قَلَم/ شُبّاك.	دي سَاعة/ حِيطَة دي مُدرِّسة/ طالبة دي ترابيزة/ كُرّاسة دي سبّورة.
سؤال عن الحاجات:	إيه ده؟ إيه دي؟ ده...دي...

النفي ٦

سؤال	جواب
ده كْتاب؟	نفي:لا ده مش كِتاب، ده قَلَم. إيجاب:أيوه ده كْتاب.
ده *أحمد*؟ دي *ماجدة*؟	لا ده مش *أحمد*، ده *نبيل*. لا دي مش *ماجدة*، دي *نوال*.
سؤال عن الناس:	مين ده/ دي؟ ده ... دي ... النفي للحاجات و الناس لا+ ده/ دي مش...

النطق

لاحظ: ده كِتاب. تنطق ده كْتاب.

اسمع و كرّر بعد المدرّس ٧

كِتاب – قَلَم – سَاعة – باب – سبُّورة.

دي طَالبة – ده كْتاب – ده مُدرِّس – دي صُورة – دي مَحْفَظَة.

التدريبات

تدريب (١ – أ(١))

(١) اسأل زميلك. إيه ده/ إيه دى؟

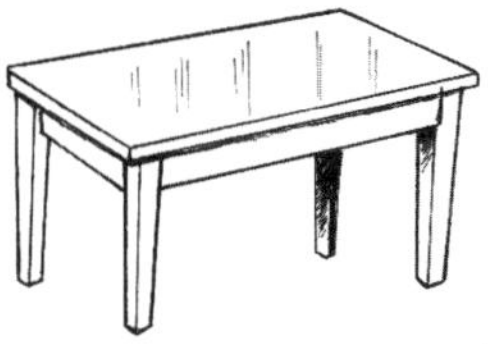

(٢) اعكس الأدوار مع زميلك و كرّر النشاط.

تدريب (١ - ب)

١- اسمع و اكتب نمرة الصورة. ٨

٢- قول بالتبادل مع زميلك. أنهي ده أو دي؟

٣- اعكسوا الأدوار و كرّروا النشاط.

٤- طالب (أ): اسأل عن صورة (١) ده قلم؟ طالب (ب): لا ده مش قلم. ده سَبَت زِبالة.

٥- اعكسوا الأدوار و كرّروا النشاط.

تدريب (١- ج (١))

(١) اسأل زميلك عن الحاجات اللي في الصورة.
(٢) اكتب لستة لـــ ده/ دي. اعكس الأدوار و كرّر النشاط.

تدريب (١- ج (٢))

كلمات مفيدة: مكَنة تَصْوير/ صُورة/ أباجُورة

طالب (أ): اسأل زميلك. إيه ده/ دي؟ اعكس الأدوار و كرّر النشاط.

القراءة و الكتابة

حرف د

٩

(١) كرّر بعد المدرّس.

دَ	دِ	دُ
		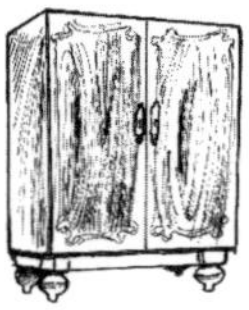
دَفّاية	دِيك	دُولاب

الحرف في الأوّل = دَ   في النصّ = نادر   في الآخر= ولد

(الحرف ممكن يتّصل من ناحية واحدة فقط و ممكن ما يتصلش خالص)

١٠

(٢) اكتب الحرف الناقص (دَ/ دِ/ دُ).

دَ_ فّاية   دِ_ يك   دُ_ ولاب

(٣) اسمع من المدرّس و اكتب الحرف الناقص.

_ فايّة   _ يك   _ ولاب

١١

حرف ذ

(١) هذا الحرف نادراً مايستخدم في العاميّة في أوّل الكلام و ينطق (د) في معظم الحالات.

ذَ	ذِ	ذُ

ذَقن (ينطق دقن)	ذِئب (ينطق ديب)	ذُرة (ينطق دُرة)

الحرف في الأوّل = ذاكِر   في النصّ = يكْذِب   في الآخر = لَذِيذْ

(الحرف ممكن يتّصل من ناحية واحدة فقط و ممكن ما يتصلش خالص)

(٢) اكتب الحرف الناقص: (ذَ/ ذِ/ ذُ).

_ قن　　　　_ رة　　　　_ ئب

(٣) اسمع من المدرِّس و اكتب الحرف الناقص.

_ قن　　　　_ رة　　　　_ ئب

١٢

(٤) اسمع و اكتب الحرف الناقص (د/ ذ)

_ قن　　　　_ ئب　　　　_ يل　　　　_ يك

_َرفايّة　　　　_ ولاب　　　　_ رة

١٣

اكتب

د	ـد	ـــد
_	_	_
_	_	_

ذ	ـذ	ـــذ
_	_	_
_	_	_

تقديم (٢)

دي ساعتَك؟

(١) اسمع و كرّر بعد المدرّس و قول دي ساعةِ مين؟

١٤

١٥

فاطمة	دي ساعتَك يا مدحت؟
مدحت	لا. دي مش ساعْتي.
فاطمة	لكن دي ساعةِ مين؟
مدحت	مش عارف.

فاطمة	دي ساعتك يا *هانـي*؟
هاني	أيوه. دي ساعْتي.
فاطمة	اتفضّل.
هاني	شكراً.

(٢) بُـصّ للصورة و كرّر بعد المدرّس.

ده مفتاح *سامي*

ده مفتاحُه.

دي شمسيّة *زينب*.

دي شَمْسِيّتها.

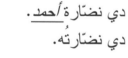

دي نضّارة *أحمد*.

دي نضّارتُه.

١٦

لاحظ القواعد

(١) للتعبير عن الملكيّة

ده/ دي	أنا	إنت	إنتي	هوّ	هيّ
مذكرّ ده مؤنّث دي	ده قَلَمي. دي ساعْتي.	ده قَلَمَك. دي ساعْتَك.	ده قلَمك. دي ساعَتِك.	ده قَلَمُه. دي ساعْتُه.	ده قَلَمْها دي ساعتِها.

(٢) الملكيّة بالإضافة:

١- دي ساعةِ *أحمد*؟   ٢- ده قلَم *فاطمة*؟

لا. دي مش ساعةِ *أحمد* أو (دي مش ساعتْه).

١٧

أيوه. ده قلَم *فاطمة* أو (ده قلَمْها).

النطق

لاحظ: نُطق الإضافة   ساعة + المدرّس = ساعْتِل مُدرّس

لاحظ: ده كِتاب. تتنطق.   ده كْتاب. دي نضّارَة. دي نضّارْتي.

لاحظ: دي ساعة (تتنطق هـ). ولكن بتتنطق ت مع الملكيّة (دي ساعتِي).

١٨

كرّر مع المدرّس.

١- دي ساعتي.	دي ترابيزْتَك.	دي كراسْتُه.	دي نضّارْتك.
٢- ده قلمُه.	ده فَصْلَك.	ده مُدرّسْها.	ده كتابك.
٣- ده كْتاب *حسن*. ده كتابُه.	دي كُرّاسة الطالب. دي كرّاستُه.	دي ساعةَ المدرّس. دي ساعتُه.	دي مَحْفَظْة *ماجد*. دي مَحْفَظْتُه.

التدريبات

تدريب (٢ - أ)

كلمة مفيدة: شنطة

١- اسأل زميلك إيه ده/ دي؟

٢- اعكسوا الأدوار و غيّروا النشاط.

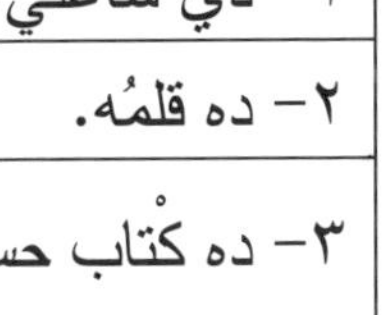 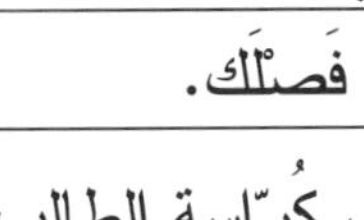 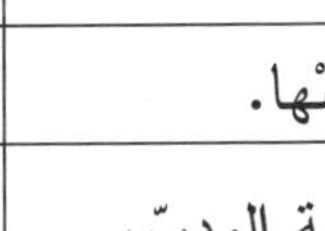 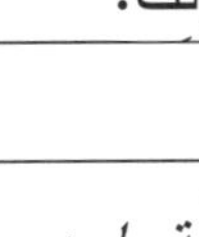

أ ....   ب ....   جـ ....   د ....

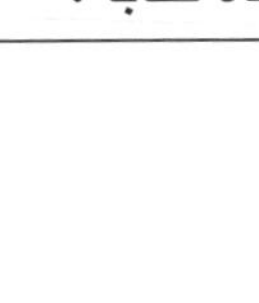 

هـ ....   و ....   ز ....   ح ....

تدريب (٢ - ب)

دي محْفَظْتَك؟

> كلمات مُفيدة: مَجلّة/ جوانتي/ محفظة

اسمع الحوار و جاوب.

١- دي محْفَظِة مين؟ ٢- دي نَضّارِة مين؟

٣- كرّر زيّ الحوار اللي فات عن:

باقي حاجة حسام و *ريهام* اللي على المكتب.

تدريب (٢- ج (١))

١- اجمعوا حاجات من بعض على الترابيزة.

٢- كلّ طالب يختار حاجة و يسأل زيّ الحوار.

دي ساعْتَك؟ (أ) لا دي مش ساعْتِي دي ساعْتُه.

(ب) أيوه دي ساعْتِي شكراً.

نصّ الاستماع لتدريب (٢ - ب)

١٩

أكرم	لو سمحتي يا *سُها* .. دي مَحْفَظْتِك؟
سُها	لا دي مش مَحْفَظْتِي **د**ي مَحْفَظْةِ *ريهام*.
أكرم	طيّب دي نضّارْتِك؟
سُها	أيوه دي نضّارْتي. شكراً يا *أكرم*.
أكرم	العفّو أيّ خدمة.

القراءة و الكتابة

٢٠

حرف ر

(١) اسمع و كرّر بعد المدرّس.

ملاحظة الحرف متصلّ من ناحية واحدة بس و ممكن ما يتصلش خالص.

رَ	رِ	رُ
	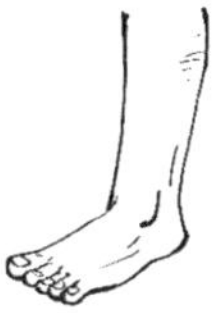	
رَاديو	رِجل	رُمّان

الحرف في الأوّل = رَاديو   في النصّ = كَرَافتّة/ سارة   في الآخر = أَخْضَر

٢١

(٢) اكتب الحرف الناقص.

_ اديو   _ جل   _ مّان

(٣) اسمع من المدرّس و اختار: (رَ/ رِ/ رُ).

_ مّان   _ اديو   _ جل

٢٢

حرف ز

(١) اسمع و كرّر بعد المدرّس.

ملاحظة الحرف متصلّ من ناحية واحدة بس و ممكن ما يتصلش خالص.

زَ	زِ	زُ
١٩٥٠ 		
زَمان	زِيت	زُرار

في الأوّل = زُرَار   في النصّ = جَزْمَة   في الآخر = جينز

٢٣

(٢) اكتب الحرف الناقص.

_ مان   _ يت   _ رار

(٣) اسمع من المدرّس و اختار: (زَ/ زِ/ زُ).

_ رار   _ مان   _ يت

حرف س

٢٤

(١) اسمع و كرّر بعد المدرّس.

سَ | سِ | سُ

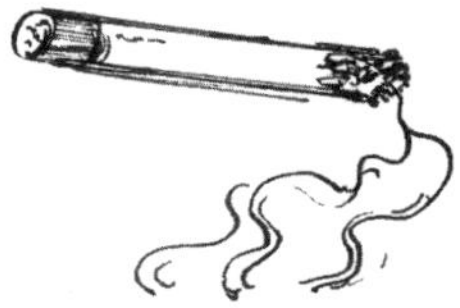

سَاعة | سِيجارة | سُعاد

الحرف في الأوّل = ساعة | في النصّ = السّاعَة | في الآخِر = شِبس

٢٥

(٢) اكتب الحرف الناقص.

_ اعة | _ يجارة | _ عاد

(٣) اسمع من المدرّس: (سَ/ سِ/ سُ).

_ عاد | _ اعة | _ يجارة

حرف ش

٢٦

(١) اسمع و كرّر بعد المدرّس.

شَ | شِ | شُ

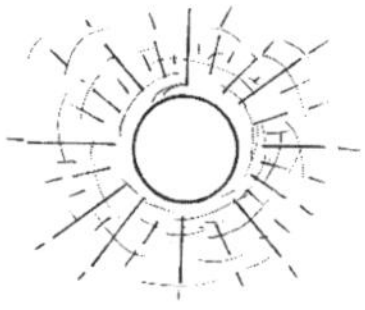

شَمس | شِبسي | شُبّاك

الحرف في الأوِّل = شجرة | في النُصّ = الشارع | في الآخِر = مش

(٢) اكتب الحرف الناقص.

_ مس | _ بسي | _ بّاك

٢٧

(٣) اسمع من المدرّس و اختار: (شَ/ شِ شُ).

_ باك | _ مس | _ بسي

تدريبات عامة على (ر/ ز/ س/ ش)

(١) كتابة: اكتب الحروف.

(١)

ر	ـر	ـر
ـ	ـ	ـ
ـ	ـ	ـ

(٢)

ز	ـز	ـز
ـ	ـ	ـ
ـ	ـ	ـ

(٣)

سـ	ـسـ	ـس
ـ	ـ	ـ
ـ	ـ	ـ

(٤)

شـ	ـشـ	ـش
ـ	ـ	ـ
ـ	ـ	ـ

(٢) اسمع من المدرّس و اكتب الحرف الناقص. ٢٨

_مّان   _جرة   _مس   _بسي

_بّاك   _مان   _يجارة   _رار.

الحلّ: رُمّان – شَجَرة – شَمْس – شِبسي – شُبّاك – زَمان – سِيجَارة – زُرَار

افتكـــــر Remember

(١) أداة التعريف و اسم الإشارة في العاميّة

ده للمذكّر	دي للمؤنّث
ده باب/ فصل. ده مدرّس.	دي سبّورة. دي بنت.

(٢) السؤال عن الأشياء

السؤال	الجواب
ده كتاب؟	أيوه. ده كتاب. لا. ده مش كتاب. دي كراسة.

(٣) للتعبير عن الملكيّة

أنا	إنت	إنتي	هوّ	هيّ
ده كْتَابي	ده كْتَابَك	ده كْتَابك	ده كْتَابُه	ده كْتَابْها

النفي: لا ده مش كتابي مش + الاسم

(٤) الملكيّة بالإضافة

السؤال	الإجابة
ده كتاب أحمد؟	أيوه ده كتاب أحمد.
دي كرّاسة منى؟	لا دي مش كرّاسة منى.

الوحدة التانية

Unit 2

Page 30 Presentation 1 صفحة ٣٠

Fi elfas̲l (in the classroom)

1-Study the vocab and write them in the table:

sabbuura	shobbak	saعa	korsi
bab	sabat	t̲alib	h̲et̲a
maktab	kitab	tarabeeza	t̲aliba
q̲alam	karrasa		

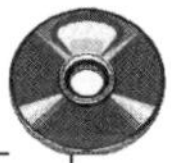
١

ēh da? (masculine objects)	ēh di? (feminine objects)
bab – maktab – t̲alib ………	t̲aliba – tarabeeza – saعa …….

٢

da kitab? la. da mish kitab. da q̲alam…	di saعa? la. di mish saعa. di tarabeeza.

٣

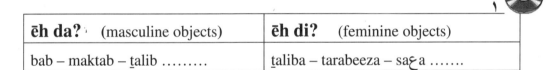

miin da? da t̲alib.	miin di? di t̲aliba.

Page 36 Presentation 1 صفحة ٣٦

di saعtak? (Is this your watch?)

1. Repeat after the teacher and find whose watch is this?

١٤

Fatma	di saعtak ya Midhat?
Midhat	la. di mish saعti
Fatma	lakin di saعit miin?
Midhat	mish عarif.

١٥

Fatma	di saعtak ya Hani?
Hani	āywa di saعti.
Fatma	ētfaddal.
Hani	shukran.

Ēt-tadriibat

Page 38 صفحة ٣٨

Tadriib (ب-٢) Listening text

١٩

Ākram	law samahti ya Soha ……. di mahfaztik?
Soha	la di mish mahfazti di mahfazit Riham.
Ākram	tayib di naddartik?
Soha	āywa di naddarti. shukran ya Ākram
Ākram	ēlعafw. āy khidma.

الوحدة التالتة

محتويات الموضوعات في الوحدة التالتة

- **تقديم (١):** التعرّف على الأرقام و السؤال عن رقم التليفون.
  تدريس حروف (ص/ ض/ ط/ ظ).

- **تقديم (٢):** السؤال عن الوقت و قراءة المواعيد.
  تدريس حروف (ع/ غ/ ف/ ق).

فهرس الكلمات الجديدة في وحدة ٣

تقديم (١):

الأرقام من ١ إلى ١٠٠ – مظبوط – نمرة – تليفونَك – كام – تمام – مطعم – لو سمحت – شكراً – العفّو – أيّ خدمة – عيـــادة – موجـــود – اتفـــضّل – دلوقتي – لا مش موجود.

تقديم (٢):

نُصّ – رُبع – تِلت – السّاعة كام دلوقتي – بالظبط – ساعتي مش مظبوطة – دلوقتي – حوالي – ساعتَك كام؟ – التاريخ – المدينـــة – شـــركة طيـــران – إمتى؟ – نمرة الرحلة.

تقديم (١)

أرقام و تليفونات

(١) اسمع و كرّر بعد المدرّس.

١	صفر - ١ - ٢ - ٣ - ٤ - ٥ - ٦ - ٧ - ٨ - ٩ - ١٠
٢	١١ - ١٢ - ١٣ - ١٤ - ١٥ - ١٦ - ١٧ - ١٨ - ١٩
٣	٢٠ - ٣٠ - ٤٠ - ٥٠ - ٦٠ - ٧٠ - ٨٠ - ٩٠ - ١٠٠
٤	٢١ - ٣٢ - ٤٣ - ٥٤ - ٦٥ - ٧٦ - ٨٧ - ٩٨ - ٩٩

مطعم همبرجر كينج

كلمات مفيدة: مظبوط/ نِمرة تليفونَك كام؟/ تمام/ مطعم

(٢) اسمع الحوار و كرّر.

٥

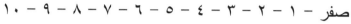

سامح	آلو.. مطعم همبرجر كينج؟
الموظّف	أيوه يافندم أيّ خدمة؟
سامح	٢ همبرجر مع كاتشب و مستردة لو سمحت.
الموظّف	٢ همبرجر مع كاتشب و مستردة. حاضر. نمـرة تليفونك كام؟
سامح	نمرة تليفوني ٣٧٢٥١٦٤٨
الموظّف	مرّة تانية لو سمحت.
سامح	٣٧٢٥١٦٤٨ ماشي؟
الموظّف	تمام مظبوط كده.. شكراً.

٦

(٣) قول *سامح* نمرة تليفونه كام؟

لاحظ القواعد

(١) للسؤال عن رقم التليفون

أنا	إنت	إنتي	هوّ	هيّ
نمرة تليفوني.	نمرة تليفونَك.	نمرة تليفونِك.	نمرة تليفونُه.	نمرة تليفونْها.

السؤال	الجواب
نمرة تليفونَك كام؟	نمرة تليفوني ...

(٢) **تعبيرات للتأكيد:** مرّة تانية – تمام – ماشي – مظبوط.

(٣) **لاحظ الواو:** ٣١ واحد **و** تلاتين ٣٢ إتنين **و** تلاتين

٣٣ تلاتة **و** تلاتين.

بعد: ١ ، ٢ ⟵ **و** بعد: ٣ – ٩ ⟵ وْ

٧

النطق

كرّر بعد المدرّس. (لاحظ نُطق الواو)

حدَاشَر اتْنَاشَر تَلاتَّاشَر أرْبَعَة و عِشْرين خَمْسَة و تَلاتين

سِتّة و أَرْبِعين سَبْعَة وْ خَمْسِين تَمَانْيَة و سِتّين تِسْعَة و سَبْعِين مِيَّة

التدريبات

تدريب (١ – أ(١))

كلمات مفيدة: السلام عليكم/ عليكم السلام

أ – اسمع و اختار الكارت المناسب.

ب– اسمع و اكتب النمرة.

(١)

الصاوي للنقل ت : ....

(٢)

دكتور كامل طنطاوي

تليفون: ....

(٣)

شركة كمبيولانــد

٥٥ ش مصدق

تليفون: ...٣٩...١...٦

(٤)

جولد شوب للموبيليا

٦٦ ش فانوس

تليفون : ١٨٧

ج– صحّح مع زميلك و اعمل الحوار ده.

طالب (أ): نمرة كارت (١) كام؟ طالب (ب): ٣٨٦٦٣٤٥٢

طالب (ب): نمرة كارت (٢) كام؟ .. إلخ.

تدريب (١ - أ(٢))

أ- اسمع من المدرّس و حطّ خَط تحت الرقم اللي تسمعه.

٨٣ - ٦٠ - ٧٤ - ٥٩ - ٩٠ - ١٣ - ٧٥ - ٢٣ - ٣٨ - ١٠٠ - ٤١.

ب- اقرا الأرقام دي قدّام الفصل.

٢٢ - ٣٥ - ٨٧ - ٢١ - ١٢ - ٩ - ٥٨ - ٨٦ - ٤٤ - ٦٣.

نَصّ الاستماع لتدريب (١ - أ(١))

حوار (١) ٨

- آلو.. الدليل؟
- أيوه يافندم.
- ممكن نمرة تليفون *الصاوي* للنقل؟
- أيوه النمرة ٣٨٦٦٣٤٥٢
- شكراً.

حوار (٢) ٩

- آلو.. الدليل؟ صباح الخير.
- صباح النور يافندم.
- ممكن نمرة الدكتور *كامل طنطاوي*.
- نمرة الدكتور *كامل طنطاوي* ٢٨٩٤٦١٢٠

حوار (٣) ١٠

- آلو.. مساء الخير.
- مساء النور.
- ممكن نمرة شركة *كمبيولاند*؟
- نمرة *كمبيولاند* ٣٦٠١٧٤٣٢

حوار (٤) ١١

- آلو.. الدليل؟ سلام عليكم.
- عليكم السلام.
- ممكن نمرة *جولد شوب*؟
- نمرة *جولد شوب* ٢٤٨١٧٨٤٠
- شكراً.
- العفو.

تدريب (١ - ب)

آلو .. الدكتور موجود؟

كلمات مفيدة: عيادة/ موجود/ اتفضّلي/ دلوقتي

اسمع الحوار.

١- نمرة تليفون مدام *ريهام* كام؟

٢- الدكتور اسمه إيه؟

٣- الدكتور موجود؟ Available

٤- كرّر الحوار مع زميلك و قول نِمَر تليفونات تانية من عندك.

٥- اعكس الأدوار و كرّر النشاط.

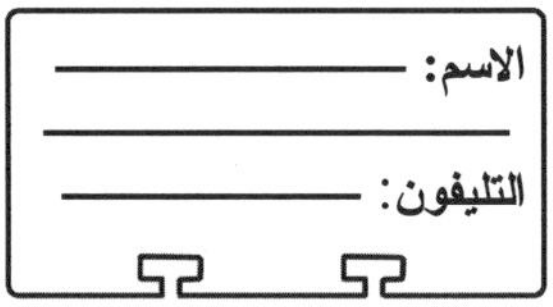

٦- غيّر زميلك. املا كروت بنِمَر زملاء تانيين مش حقيقية.

تدريب (١ - ج)

(١) اعمل دليل تليفون لفصلك و اسأل الزملاء عن نِمَر تليفوناتهم.

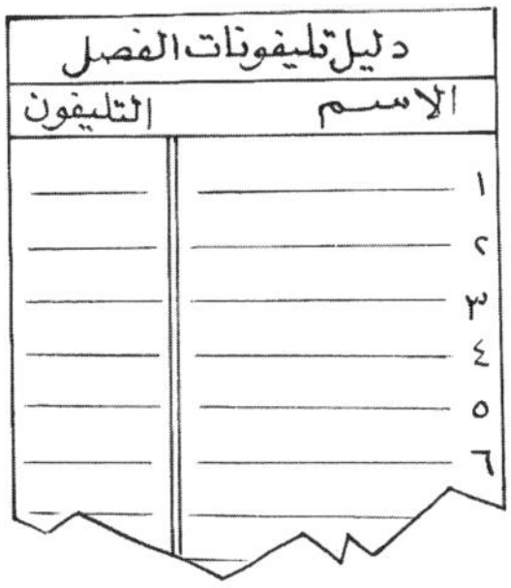

نشاط جماعي

(٢) دَوّروا في دليل التليفون الأصفر عن نمرة.

بيتساهت - كانتاكي - تي جي فرايداي - بيرجر كينج - دومينوز بيتسا - مطعم فِلفلة - مطعم الباشا.

<u>نصّ الاستماع لتدريب (١ - ب)</u>

١٢

رِيهام	آلو .. عيادة الدكتور *ثابت أدهم*؟
مُمرّضة	أيوه يافندم أيّ خدمة؟
رِيهام	الدكتور موجود؟
مُمرّضة	أيوه الدكتور موجود. اسم حضرتِك إيه؟ و نمرة تليفونِك كام؟
رِيهام	اسمي *رِيهام راجي* و نمرة تليفوني ٢٩٠٨٤٧٢٣
مُمرّضة	مرّة تانية ٢٩٠٨٤٧٢٣ مظبوط؟
رِيهام	أيوه مظبوط.
مُمرّضة	اتفضّلي دلوقتي.

Right Now

القراءة و الكتابة

حرف ص

(١) اسمع و كرّر مع المُدرِّس. ١٣

صَ	صِ	صُ
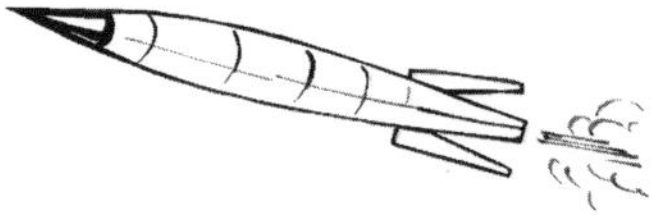	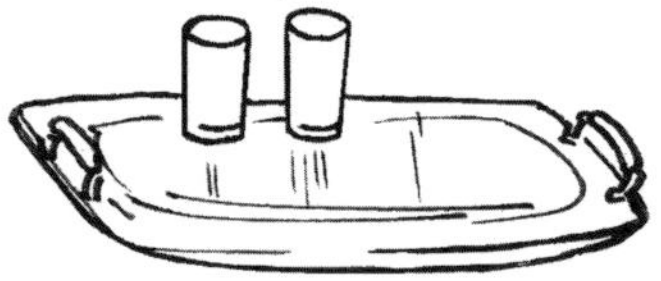	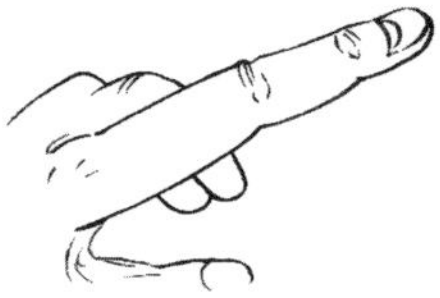
صَاروخ	صِينيّة	صُباع
الحرف في الأوّل = صَباح	في النُصّ = الصُبح	في الآخر= قميص

(٢) اكتب الحرف الناقص.

ـ اروخ   ـ ينيّة   ـ باع

(٣) اسمع من المدرّس و اختار (صَ/ صِ/ صُ). ١٤

ـ باع   ـ اروخ   ـ ينيّة

حرف ض

(١) اسمع و كرّر بعد المُدرِّس. ١٥

ضَ	ضِ	ضُ
	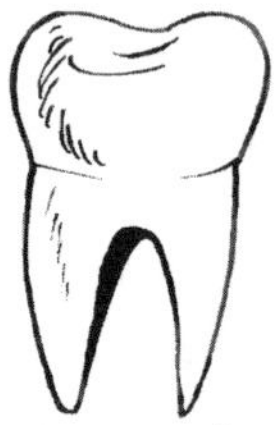	
ضَابط	ضِرس	ضُفدعة
الحرف في الأوّل = ضَهر	في النُصّ = مضْرب	في الآخر = بيض

(٢) اكتب الحرف الناقص.

ـ ابط   ـ رس   ـ فدعة

(٣) اسمع من المدرّس و اختار. (ضَ/ ضِ/ ضُ). ١٦

ـ فدعة   ـ رس   ـ ابط

حرف ط

١٧

(١) اسمع و كرّر مع المُدرّس.

طُ	طِ	طَ

طُيور	طِفل	طَبلة

الحرف في الأوّل = طَبلة   في النُصّ = بَطَاطِس   في الآخِر = بَط

(٢) اكتب الحرف الناقص.

ــ بلة   ــ فل   ــ يور

١٨

(٣) اسمع من المدرّس و اختار (طَ/ طِ/ طُ).

ــ يور   ــ بلة   ــ فل

حرف ظ

١٩

(١) اسمع و كرّر مع المدرّس

(يُنطق الحرف زي الفصحى)

ظُ	ظِ	ظَ

ظُفر	ظِل	ظَرف

الحرف في الأوّل = ظهر   في النُصّ = الظَرف   في الآخر = واعظ

(٢) اكتب الحرف الناقص.

ــ رف   ــ ل   ــ فر

٢٠

(٣) اسمع من المدرّس و اختار (ظَ/ ظِ/ ظُ).

ــ فر   ــ رف   ــ ل

تدريبات عامّة على ما سبق من حروف
تدريبات على (ص/ ض/ ط/ ظ)

(١) اسمع من المدرِّس و اكتب الحرف الناقص.

١- ﺻينيّة ٢- ﺿابط ٣- ﻋ ـ فور ٤- ﺻاروخ

٥- م ﺿ ربـ ٦- ﻃيّارة ٧- ﻇفر ٨- ﻇل

(٢) اسمع من المدرِّس و اكتب (س و للا ص).

١- ﺳلمك ٢- ﺻباح ٣- اﺳمك ٤- ﺳمير ٥- قميﺺ

٦- ﺻينيّة ٧- ﺳيجارة ٨- ﺳراعة ٩- عﺻفور ١٠- ﺻيّورة

(٣) اسمع من المدرِّس و اكتب الحرف الناقص.

١- ـ ـ خ ـ ر ـ ـ مة ـ ـ م ـ م ـ ـ ار ـ مّان

٢- ـ عاد ـ فلة يار ـ صان ـ علب

٣- ـ ا ـ ـ ـ تقان مساح ـ ت ـ ـ ـ ب ـ ع

٤- أ ـ مد ـ ئب ـ ي ـ ـة ـ و ـ نال ـ رة

الحلّ:

رُمّان	زُرَار	شمس	جَزْمة	١ – أخْضَر
ثَعْلب	حُصان	خِيار	حَفْلة	٢ – سُعاد
صُباع	تَاج	تِمْسَاح	بُرتُقان	٣ – باب
ذُرة	جورنال	بيضَة	ذِئْبْ	٤ – أحمد

(٤) وصّل الحروف و اكتب الكلمة. اقرا الكلمة.

الحروف	الكلمة	الحروف	الكلمة
١- ص ب ا ح	صباح	ش ب س ي Chips	شيبس
٢- ض ف د ع ة Frog	ضفدعة	أ خ ض ر Green	أخضر
٣- ج ز ر Carrot	جزر	س ع ا د	سعاد
٤- ب ط ا ط ا Potato	بطاطا	ت ر ا ب ي ز ة Table	ترابيزة
٥- ذ ئ ب Wolf	ذئب	ذ ر ة Corn	ذرة
٦- ب ط ا ط س potatoes	بطاطس	ت م س ا ح Alligator	تمساح
٧- ب ا ب Door	باب	م ض ر ب Tennis	مضرب
٨- ت ح ت under	تحت	ضِ ر س Tooth	ضرس
٩- ت ا ج Crown	تاج	ز ر ا ر Button	زرار
١٠- ش ج ر ة Tree	شجرة	ب ي ض ة Egg	بيضة

(٥) اسمع من المُدرِّس و اكتب (ط و للا ت).

ــ يّب   ــ ين   ــ ين   بـ ــ ا ــ ا

با ــ ا   بذ ــ   ــ بخ   ــ ا با

ــ رابيزة   ــ حت   بـ ــ ا ــ س

تقديم (٢)

السّاعة كام؟

كلمات مفيدة: نُص/ رُبْع/ تِلْت

اسمع و كرّر بعد المدرّس. إزّاي بنسأل عن السّاعة. ٢٢

(١) السّاعة كام؟

السّاعة ١٠ بالظبط (Accurate) | عَشَرة و خَمْسة | عَشَرة و رُبْع (Quarter) | عَشَرة و تِلْت (1/3) | عَشَرة و نُصّ (Half past)

(٢) السّاعة كام؟ ٢٣

السّاعة حِداشَر إلا تِلْت | حِداشَر إلا رُبْع | حِداشَر إلا خَمْسَة

تعبيرات من الساعة: دِقِيقَة واحدة لو سمحت. دِقِيقَة يعني = ٦٠ ثَانْيَة **أو** ثَانْيَة واحْدة لو سمحت.

(٣) السّاعة كام؟ ٢٤

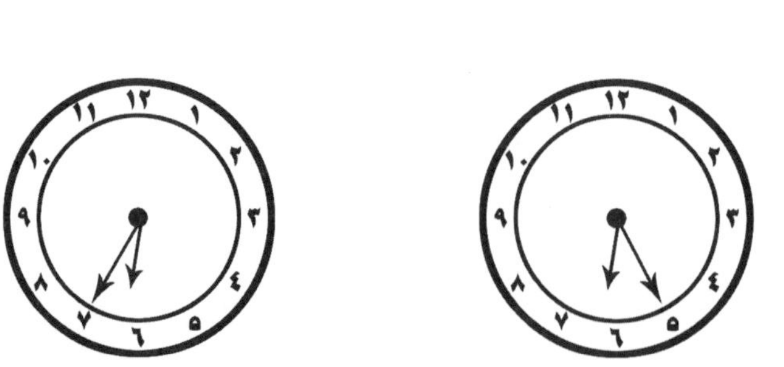

السّاعة ٦ و نُصّ إلا خَمْسَة. | السّاعة ٦ و نُصّ و خَمْسَة.

كلمات مفيدة: بالظبط/ مظبوطة/ دلوقتي/ حوالي

(٤) اسمع الحوار و قول أحمد ساعته مظبوطة؟ ساعته كام؟

٢٥

أحمد	ساعتِك كام دلوقتي؟
سعاد	ساعتي حوالي عَشَرة و نُصّ.
أحمد	عَشَرة و نُصّ بالظبط؟
سعاد	لا مش بالظبط. دلوقتي عشرة و نُصّ وْخَمْسَة بالظبط.
أحمد	ياه. ساعتي مش مظبوطة.
سعاد	أنا ساعتي مظبوطة. عَشَرة و نُصّ و خَمْسة.

٢٦

لاحظ القواعد

(١) السؤال عن الوقت — **الإجابة**

السّاعة كام لو سمحت؟

ساعتك كام لو سمحت؟ — السّاعة ....

السّاعة كام دلوقتي؟ — السّاعة .... بالظبط

السّاعة كام بالظبط؟

(٢) تعبيرات مهمّة

دِقيقة واحدة لو سمحت. — ثَانْيَة واحدة لو سمحت.

(٣)

السّاعة ٣ و خَمْسَة.

السّاعة تِسْعَة إلا خَمْسَة.

(٤) بننطق أعداد السّاعة دايماً بالمؤنّث

السّاعة وَاحِد (×) السّاعة وَاحْدَة (صحّ) ماعدا العدد (١١) و العدد (١٢)

(٥)

السّاعة ٦ و نُصّ إلا خَمْسَة.

السّاعة ٦ و نُصّ و خَمْسَة.

النطق

٢٧

كرّر بعد المُدرِّس.

خَمْسَة وْ تِلْتْ – خَمْسَة إلا تِلْتْ – خَمْسَة و رُبْع – خَمْسَة إلا رُبْع.

عَشَرة و خَمْسَة – عَشَرة و نُصّ – عَشَرة و نُصّ و خَمْسَة – عَشَرة و نُصّ إلا خَمْسَة.

التدريبات

تدريب (٢ – أ(١))

(١) اسمع من المدرّس و اكتب (صحّ) على الوقت اللي تسمعه.

(١)	٦:٣٠	٩:١٥
(٢)	١:٣٥	٢:٢٠
(٣)	٨:١٠	٣:٢٥
(٤)	١١:٣٠	١٢:٣٥
(٥)	٧:٣٥	٢:١٠
(٦)	٤:١٥	٣:٣٥

(٢) صحّح مع زميلك.

(٣) استعمل نفس التدريب و اسأل زميلك عن الوقت بالتبادل.

تدريب (٢ – أ(٢))

١– طالب (أ) اسأل زميلك ساعته كام؟ عشان يجاوب من صورة (٢). اكتب الرقم.

(١)

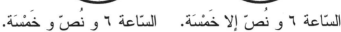

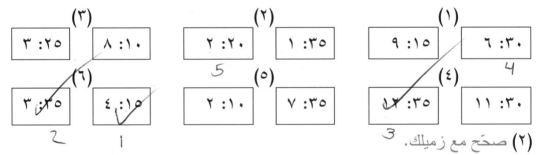

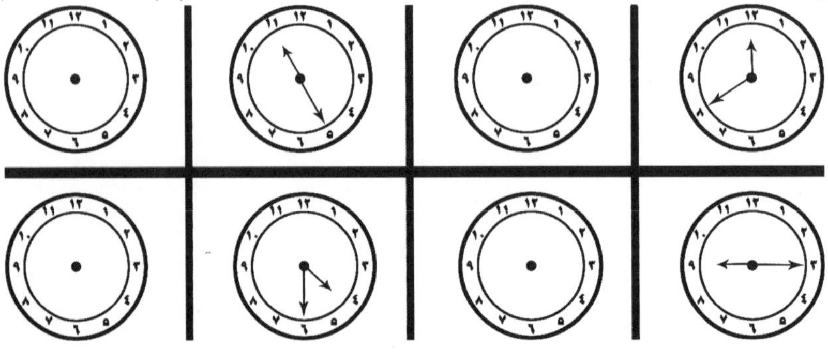

(٢) طالب (ب) اسأل زميلك ساعته كام؟ عشان يجاوب من صورة (١). اكتب الرقم.

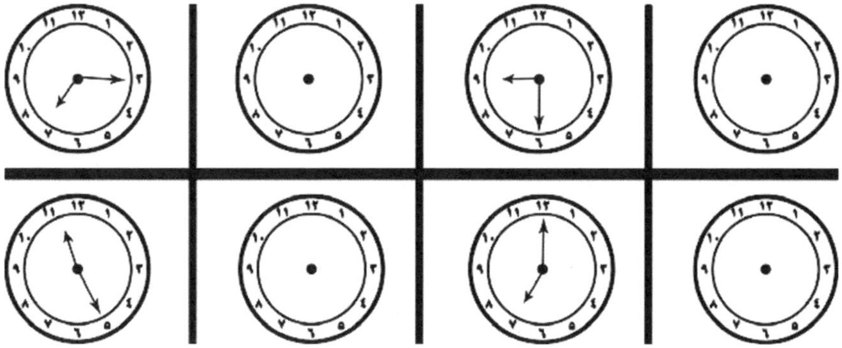

تدريب (٢ – ب)

طيّارتي السّاعة كام؟

كلمات مفيدة: الضُّهر/ الصُّبح/ بالليل/ طَيّارة/ بدري/ إمتى؟

اسمع و جاوب.

١– طيّارة *لندن* السّاعة كام؟

٢– طيّارة *أمريكا* السّاعة كام؟

٣– مدحت مبسوط من ميعاد طيّارة *أمريكا*

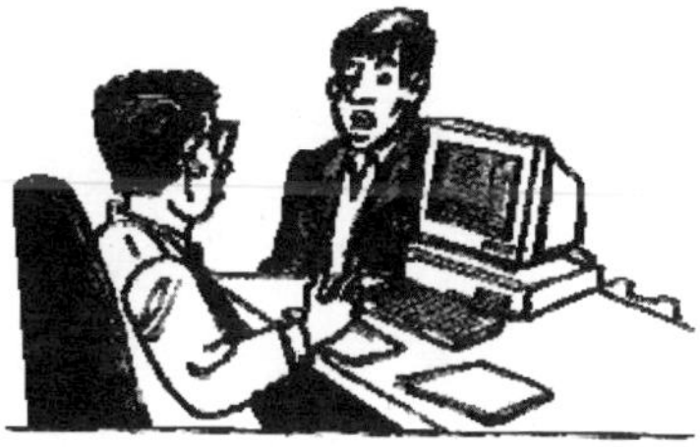

كرّر الحوار مع زميلك.

استخدم مواعيد تانية.

تدريب (٢ – ج)

كلمات مفيدة: التاريخ/ المدينة/ شركة طيران/ إمتى؟

دي تذكرة طيّارة *مصطفى*.

(أ) اسأل زميلك طيّارة *مصطفى* السّاعة كام؟ منين؟ إمتى؟

الاسم		نمرة الرحلة	
التاريخ	المدينة	طيران	الوقت
٢٥ مايو	ستكهولم	BAW	٧,١٥
٣٠ مايو	جنيف	BAW	١٨,٣٠

استخدم الأسئلة دي. ١- نِمرة الرحلة كام؟ ٢- إمتى تاريخ الرحلة؟

٣- الطيارة السّاعة كام؟ ٤- منين؟ ٥- أنهي شركة؟

(ب) اكتب أرقام تانية من عندك و غيّروا الأدوار.

(جـ) كرّر النشاط مع طلبة تانيين في الفصل.

الاسم		نمرة الرحلة	
التاريخ	المدينة	طيران	الوقت

(د) إسأل زميلك عن نمرة الباسبور - البطاقة. كرّر النشاط مع باقي الزملاء.

نصّ الاستماع لتــدريب (٢ - ب)

٢٨

مِدْحت	صباح الخير يا*عصام*. طيّارتي السّاعة كام؟
عصام	صباح النور يأستاذ *مِدْحت*. طيّارة*لندن* و للا طيّارة *أمريكا*؟
مِدْحت	طيّارة*لندن*. طيّارة*لندن* السّاعة كام؟
عصام	طيّارة*لندن* السّاعة ٣٠, ٢ الضهر.
مِدْحت	و طيّارة*أمريكا* السّاعة كام؟ بالليل و للا الصُبح؟
عصام	طيّارة*أمريكا* السّاعة خَمْسَة إلا عَشَرة الصُبح.
مِدْحت	السّاعة خَمْسَة إلا عَشَرة الصُبح ياه! دي بدري قوي. ماشي. شكراً.
عصام	العفو.

القراءة و الكتابة

حرف ع

(١) اسمع و كرّر بعد المدرّس. ٢٩

عَ عِ عُ

 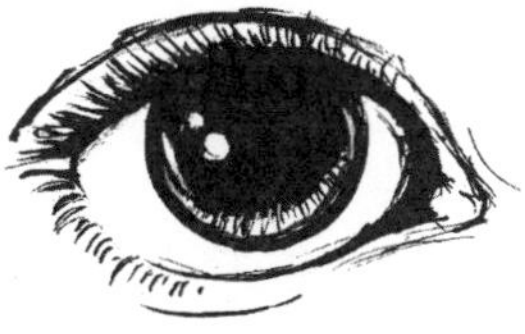 

عَلَم عِين عُود

الحرف في الأوّل = عَسَل في النُصّ = تعبان في الآخر = ضُفْدَع

(٢) اكتب الحرف الناقص.

ـــ لم ـــ ين ـــ ود

(٣) اسمع من المُدرِّس و اختار (عَ/ عِ/ عُ). ٣٠

ـــ ود ـــ لم ـــ ين

حرف غ

(١) اسمع و كرّر مع المُدرِّس. ٣١

غَ غِ غُ

غَابة Forest غِيم غُراب

الحرف في الأوّل = غابة في النُصّ = بَغْبَغَان في الآخر = صَمْغ/ صَبَّاغ

(٢) اكتب الحرف الناقص.

ـــ ابة ـــ يم ـــ راب

(٣) اسمع من المُدرِّس و اختار (غَ/ غِ /غُ). ٣٢

ـــ راب　　ـــ ابة　　ـــ يم

حرف ف

(١) اسمع و كرّر بعدالمدرّس. ٣٣

فَ　　فِ　　فُ

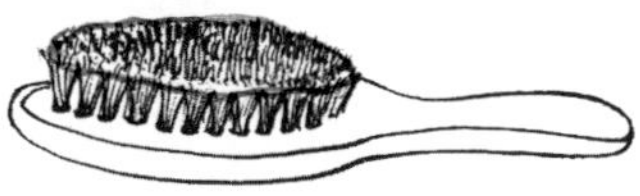

فَار　　فِيل　　فُرشة

الحرف في الأوّل = فار　　في النُصّ = عفاف　　في الآخِر = خروف

(٢) اكتب الحرف الناقص.

ـــ ار　　ـــ يل　　ـــ رشة

(٣) اسمع من المدرّس و اختار (فَ/ فِ/ فُ). ٣٤

ـــ رشة　　ـــ ار　　ـــ يل

حرف ق

٣٥

(١) اسمع و كرّر بعد المدرّس.

(ينطق هذا الحرف مثل (أ) في العاميّة).

قَ　　قِ　　قُ

قَلم　　قِرد　　قُنفذ

الحرف في الأوّل = قلم　　في النُصّ = مقص　　في الآخر = صندوق

(٢) اكتب الحرف الناقص.

ـــ لم　　ـــ رد　　ـــ نفذ

(٣) اسمع من المدرّس و اختار (قَ/ قِ/ قُ). ٣٦

ـــ نفذ　　ـــ لم　　ـــ رد

تدريبات عامّة على (ع/ غ/ ف/ ق)

(١) اسمع من المدرّس و اكتب الحرف الناقص.

١- ثـ ـــ لب	ـــ زال	بـ ـــ بـ ـــ ان	ضفد ـــ
٢- ـــ سالة	ـــ راب	ـــ نب	لـ ـــ ـة
٣- ـــ ار	ـــ رد	صندو ـــ	مـ ـــ ص
٤- ـــ راشة	ط ـــ ل	خرو ـــ	ـــ يل

الحلّ: ١- ثعلب	غزال	بغبغان parrot	ضفدع
٢- غسّالة	غراب	عنب	لغة
٣- فار	قرد	صندوق	مقص
٤- فراشة	طفل	خروف	فيل

(٢) اسمع من المدرّس و اكتب التشكيل على أوّل حرف. ٣٧

غربان	قارب	قلم	غراب
عباس	عنب	علا	علي
قاسم	قرد	فستان	قفص

(٣) رتّب الحروف و اكتب الكلمة. وصّل بالكلمة الصحيحة.

١- م ق ل	(قَلم)	غراب
٢- ب ا ر غ	(غراب)	صندوق
٣- ص و ق ن د	(صندوق)	قلم
٤- و ف خ ر	sheep (خُروف)	خروف
٥- ة ر ش ف	(فرشة)	فُرشة
٦- ع ض ف د ة	(ضفدعة)	مقص
٧- م ق ص	(مقص)	ضفدعة

افتكــــــر

(١) الأرقام من ١ - ١٠٠

(٢) السؤال عن نمرة التليفون

نِمْرِة تليفونَك كام؟ نِمْرِتي: ....

آلو.. الدليل ممكن نِمْرِة تليفون ....؟ لِنمْرَة: ....

(٣) السؤال عن السّاعة

(أ)

سؤال	إجابة
السّاعة كام؟	السّاعة دلوقتي حوالي ١٠.
ساعتَك كام؟	السّاعة ١٠ إلا خَمْسَة.
السّاعة كام دلوقتي؟	السّاعة ١٠ و خَمْسَة.
السّاعة كام بالظبط؟	السّاعة ١٠ بالظبط.

(ب) السّاعة ١٠ و نُصّ و خَمْسَة؟ لا السّاعة ١٠ و نُصّ إلا خَمْسَة.

(ج) السّاعة سِتّة بالظبط؟ لا مش بالظبط. السّاعة دلوقتي سِتّة و عَشَرة.

(د) تعبيرات مهمّة: دقيقة واحدة لو سمحت.

ثَانْيَة واحدة لو سمحت.

(هـ) بننطق أرقام السّاعة بالمؤنّث.

السّاعة كام؟

السّاعة واحْدَة .. (صحّ). السّاعة وَاحِد .. (×).

الوحدة التالتة

Unit 3

Page 46 صفحة ٤٦

Presentation (1)

٥

2- Listen and repeat

Sameh	ālo. matعam Hamborgar King?
Ēl-muwazzaf	āywa ya afandim. āy khidma?
Sameh	ētneen hamborgar maعa katshab we mustarda law samaht.
Ēl-muwazzaf	ētneen hamborgar maعa katshab we mustarda. hader, nemrit ēt-telefoonak kam?
Sameh	nemrit telefooni, sabعa – ētneen – khamsa – wahid – sitta – ārbaعa – tamanya.
Ēl-muwazzaf	marra tanya law samaht.
Sameh	sabعa – ētneen – khamsa – wahid – sitta – ārbaعa – tamanya. mashi?
Ēl-muwazzaf	tamam. mazbuut kida. shukran.

Ēt-tadriibat

Page 48 صفحة ٤٨

Tadriib ((١)أ – ١) Listening texts:

(Listen and choose the right card):

Dialogue 1

٨

- ālo. ēd-daliil?
- āywa ya fandim.
- momkin nemrit telefoon Es-sawi lilnaql.
- āywa, ēn-nemra talata-tamanya-sitta-sitta-talata-ārbaعa-khamsa-ētneen.
- shukran.

Dialogue 2 ٩

- ālo. ēd-daliil. sabah elkheer.
- sabah ēn-nuur ya fandim.
- mumkin nemrit ed-doktoor Kamel Tantawi?
- nemrit ed-doktoor Kamel Tantawi, ētneen – tamanya – tisعa – ārbaعa – sitta – wahid – ētneen – sifr.

Dialogue 3 ١٠

- ālo. masa ēlkheer.
- masa ēn-nuur.
- momkin nemrit shirkit Kombyoland?
- nemrit Kombyoland: talatah – sittah – sifr – wahed – sabعa – ārbaعa – talata – ētneen.

Dialogue 4 ١١

- ālo. Ēd-daliil. Es-salam عalaikom.
- عalaikom ēs-salam.
- momkin nemrit Gold Shop?
- nemrit Gold Shop: ētneen – ārbaعa – tamanya – wahid – sabعa – tamanya – ārbaعa – sifr.
- shukran.
- ēlعafw.

Page 48 صفحة ٤٨

Tadriib (ب - 1): Ālo … ēd-doktoor mawguod? (Hello, is the doctor there?)

Listen to the dialogue and answer the questions:

1. nemrit telefoon madam Riham kam?
2. ēd-doktoor ēsmoh ēh?
3. ēd-doktoor mawguud?

Page 49 صفحة ٤٩

١٢

Tadriib (ب - 1):- Listening text

Riham	Ālo. عiyadit ēd-doktoor Sabit Ādham?
Momarrida	āywa ya afandim. Āy khidma?
Riham	ēd-doktoor mawguud?
Momarrida	āywa ēd-doktoor mawguud. ēsm hadretik ēh? we nemrit telefoonik kam?
Riham	ēsmi Riham Ragi, we nemrit telefooni ٢٩٠٨٤٧٢٣
Momarrida	marra tanya ٢٩٠٨٤٧٢٣ mazbuut?
Riham	āywa mazbuut.
Momarrida	ētfaddali delwaqti.

Page 55 صفحة ٥٥

Kalimat Mufiida (useful vocabulary): bizzabt / mazbuut / delwaqti / hawali.

Listen and say: is Ahmed's watch correct? What is the time?

٢٥

Āhmad	saعtik kam delwaqti?
Suعad	saعti hawali عashra we nus.
Āhmad	عashra we nus bizzabt?
Suعad	la mish bizzabt. delwaqti عashra we nus we khamsa bizzabt.
Āhmad	yaah. saعti mish mazbuuta.
Suعad	āna saعti mazbuuta. عashra we nus we khamsa.

Page 57 صفحة ٥٧

Kalimat Mufiida (useful vocabulary): ēd-dohr / ēs-sobh / belleel / tayyara / badri / ēmta?

Tadriib (ب - 2): tayyarti ēs-saعa kam? (When is my plane?)

Listen and answer: tayyarit London ēs-saعa kam?

Page 58 صفحة ٥٨

Tadriib (ب - 2):- Listening text

٢٨

Midhat	sabahi elkheer ya ع isam. tayyarti ēs-sa ع a kam?
ع isam	sabahi en-nuur ya ūstaz Midhat. tayyarit London walla tayyarit Āmriika?
Midhat	tayyarit London. tayyarit London ēs-sa ع a kam?
ع isam	tayyarit London ēs-sa ع a ētneen we nus ēd-dohr.
Midhat	we tayyarit Āmriika ēs-sa ع a kam? belleel walla ēs-sobh?
ع isam	tayyarit Āmriika ēs-sa ع a khamsa ēlla ع ashra ēs-sobh.
Midhat	ēs-sa ع a khamsa ēlla ع ashra ēs-sobh! yaa. di badri qawi. mashi. shukran.
ع isam	ēl ع afw.

الوحدة الرابعة

محتويات الموضوعات في الوحدة الرابعة

- **تقديم (١):** الكلام عن الفلوس و السؤال عن الأسعار.
  تدريس حروف: (ك/ ل/ م/ ن).

- **تقديم (٢ أ):** مفردات البقالة و السوبر ماركت.
  (٢ب): شراء الطلبات من السوبر ماركت.
  تدريس حروف: (هـ/ و/ ي).

فهرس الكلمات الجديدة في الوحدة ٤

تقديم (١):

جنيه ــ نُصّ جنيه ــ رُبع جنيه ــ فلوس ــ فَكّة ــ خَمسة جنيه ــ عشرة جنيه ــ عِشرين جنيه ــ خَمسين جنيه ــ مِيت جنيه ــ قَاموس ــ مَسْطَرة ــ أَسْتيكة ــ قَلَم جاف ــ بَرّاية ــ علبة مناديل ــ قَلم رُصاص ــ مَحْفَظَة ــ مَقْلَمة ــ شَنْطَة ــ نَضّارَة ــ وَلّاعة ــ رِخيص ــ غالي ــ فازة ــ وَرْد ــ بِرواز ــ أباجورة ــ طَبَق.

تقديم (٢ أ):

جِبْنة ــ باكو زبدة ــ كيس سُكّر ــ إزازة زيت ــ بَرْطمان مِربّى ــ عِلبة حلاوة ــ كرتونة بيض ــ صَنْدوق ميّة ــ رُز ــ عصير ــ عَسَل ــ دِقيق سَمْن ــ عِيش.

تقديم (٢ب):

لو سمحت ــ عايز ــ عيش توست ــ بَسكوت ــ لِسْتة ــ آسف ــ مافيش ــ بكام؟ ــ الحساب كام؟

تقديم (١)

بكام الكتاب ده؟

 ١

(١) ادرس الكلمات دي: اتعرف على شكل كلّ عُملة مع المُدرّس.

ده: جنيه ــ نُصّ جنيه ــ رُبع جنيه.
دي: فلوس ــ فَكّة ــ خَمْسة جنيه ــ عَشْرة جنيه ــ عِشْرين جنيه ــ خَمْسين جنيــه ــ ميت جنيه.

onepaper Change

(٢) اقرا الإعلان ده و كرّر بعد المُدرّس. **الكتاب بكام؟ الكتاب بـــ ....**

كرّر مع باقي الحاجات اللي في المكتبة.

مكتبة حسين و علي

١٢,٥٠ ج

١٢٠,٩٩ ج

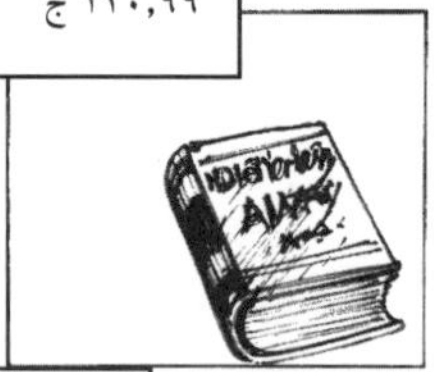

٦٥. ج

٣,٢٥ ج

٧,٢٢ ج

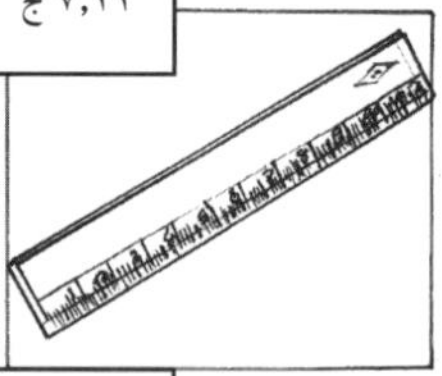

٦,٤٥ ج

٤١ ج

٢٣ ج

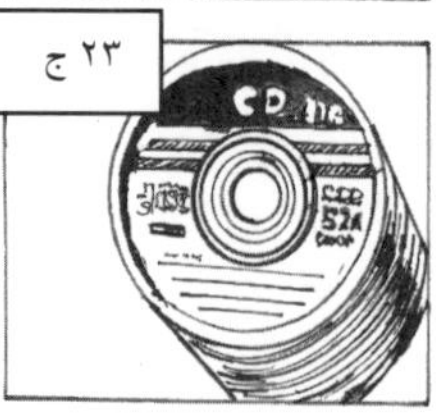

١١٢ ج

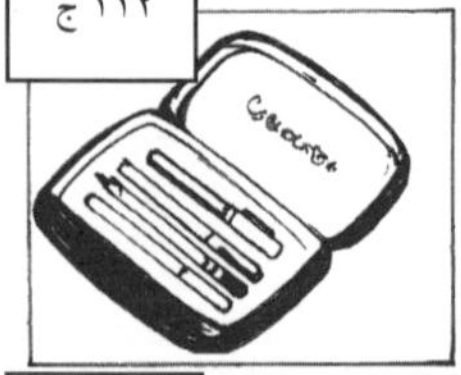

١٦,٥ ج

٢ ج

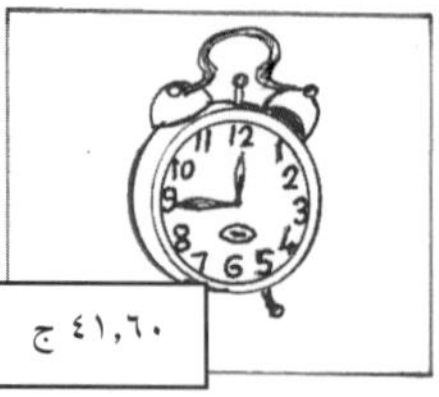

٤١,٦٠ ج

١٨ ج

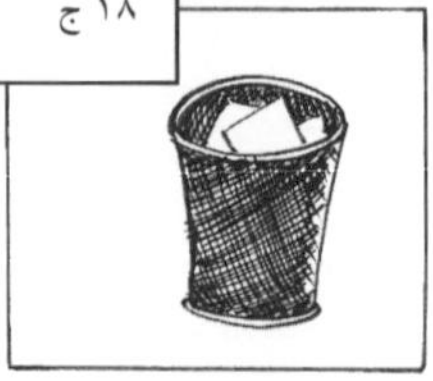

٥,٢٥ ج

١٤,٥ ج

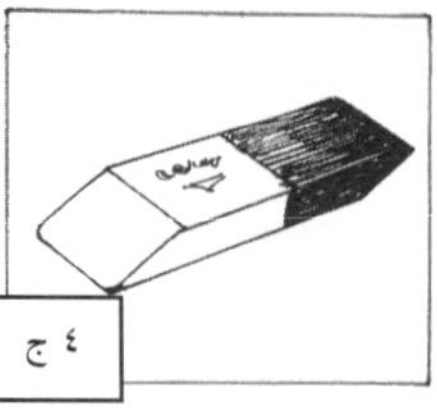

٤ ج

(٣) اسمع الحوار و جاوب بكام القلم الجاف؟
كرّر الحوار مع زميلك.

٢

زبون	لو سمحت بكام القلم الجاف؟
بيّاع	القلم الجاف بـــ ٤,٥/ باربعة جنيه و نص .. و القلم الرصاص بـــ ٢ جنيه.
زبون	طيّب عايز قلم جاف و قلم رصاص لو سمحت.
بيّاع	اتفضّل.
زبون	الحساب كام؟
بيّاع	الحساب ٦,٥ جنيه/ ستة جنيه و نص.
زبون	فيه فكّة ١٠ جنيه.
بيّاع	أيوه. اتفضّل ٣,٥ جنيه.

٣

لاحظ القواعد

لغة الشرا و البيع

	السؤال	الجواب
١- للسؤال عن السعر.	بكام القلم؟ أو القلم بكام؟	القلم بـــ ٤ جنيه.
٢- للسؤال عن الحساب.	الحساب كام؟	الحساب ٧ جنيه.
٣- للسؤال عن الفكّة.	فيه فكّة؟	أيـــوه فيـــه اتفـــضّلي/ اتفضّل.
	فيه فكّة؟	لا مافيش فكّة. آسف.
٤- للطلب.	عايز قلم/ عايزه قلم. لـــو سمحت.	

من (٣-٩) تلاتة جْنيه ــ أربعة جنيه .. إلخ. ١١ حداشر جِنيه.

٤

النطق

كرّر بعد المدرّس.

عشرين جنيه ــ خَمْسَة جنيه ــ ميت جنيه

فَكّةْ خَمْسة جْنيه .. بنقول فَكّتْ خَمْسة جْنيه ــ فكّةْ ٢٠ جِنيه .. بنقول فكت عشرين جنيه.

فكّةْ جْنيه .. بنقول فكّتْ جِنيه.

التدريبات

تدريب (١ – أ)

بكام؟

كلمات مفيدة: شنْطة/ مَحْفَظَة/ بَرّاية/ مَقْلَمَة

(١) اسأل زميلك عن الصورة. بكام ده/ بكام دي؟

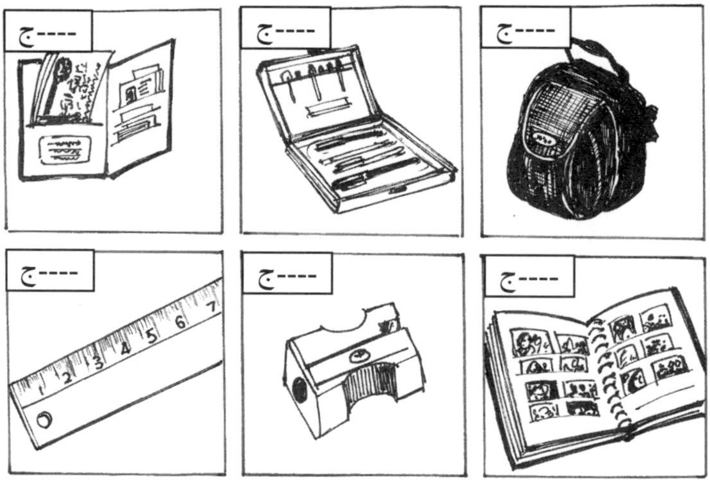

(٢) اسمع و اكتب السعر في مكانه في الصورة.

(٣) اسأل زميلك عن كلّ حاجة قُدّامك زيّ المثال.

بكام المقلمة لوسمحت؟ المَقْلَمَة بـــ ....

غيّروا الأدوار و كرّروا النشاط.

(٤) استخدم الصور في تقديم (١) و اسأل زميلك عن أسعار الحاجـــات اللي في المكتبة و بدلوا الأدوار.

نصّ الاستماع لتدريب (١ – أ) ٥

١– بكام المَقْلَمَة؟ المَقْلَمَة بـــ ١٤,٦٠ج. (بأربعتاشر جنيه و ستّين قرش).

٢– بكام المَسْطَرة؟ المَسْطَرة بـــ ١ج.

٣– بكام الشّنْطَة؟ الشّنْطَة بـــ ٨٥ج.

٤– بكام المَحْفَظة؟ المَحْفَظَة بـــ ٧٦ج.

٥– بكام الألْبوم؟ الألْبوم بـــ ٩٨ج.

٦– بكام البَرّاية؟ البَرّاية بـــ ٤,٢٥ج.

تدريب (١ ــ ب)

محل صافي للهدايا

كلمات مفيدة: نضّارة/ وَلاّعة

١- اسمع و اكتب السعر تحت كلّ صورة.

١،٠٠   ١٧،٥   ٥،١٦ ج   ٥،٠٥ ج   ٢٠،٣٠ ج

٢- الحساب كام؟

٣- كرّر الحوار مع زميلك.

٤- اكتب أسعار تانية من عندك و كرّر الحوار مع زميلك.

٥- غيّر الزميل و اسأل عن أسعار حاجات مختلفة.

تدريب (١ ــ ج)

هدايا كلّ شئ

كلمات مفيدة: رِخيص/ غَالي/ ڤازة/ وَرْد/ بِرْوَاز/ أبَاجُورة / طبق

١- طالب (أ): إنت صاحب المحل و عندك أوكازيون. اكتب الأسعار تحت كلّ صورة في كتابك.

٢- طالب (ب): اسأل عن أسعار الحاجات. اشتري ٥ حاجات من المحل.

مثال للحوار: (ب) بكام المحفظة؟ (أ) المحفظة بـ ١٦ جنيه.

(ب) و بكام الڤازة؟ (أ) الڤازة بـ .....

(ب) طيّب عايز المحفظة و الڤازة لوسمحت. الحساب كام؟

(أ) الحساب ....

٣- اعكسوا الأدوار طالب (ب) اكتب أسعار تانيّة تحت كلّ صورة.

طالب (أ) اشتري حاجات من طالب (ب) و كرّر الحوار.

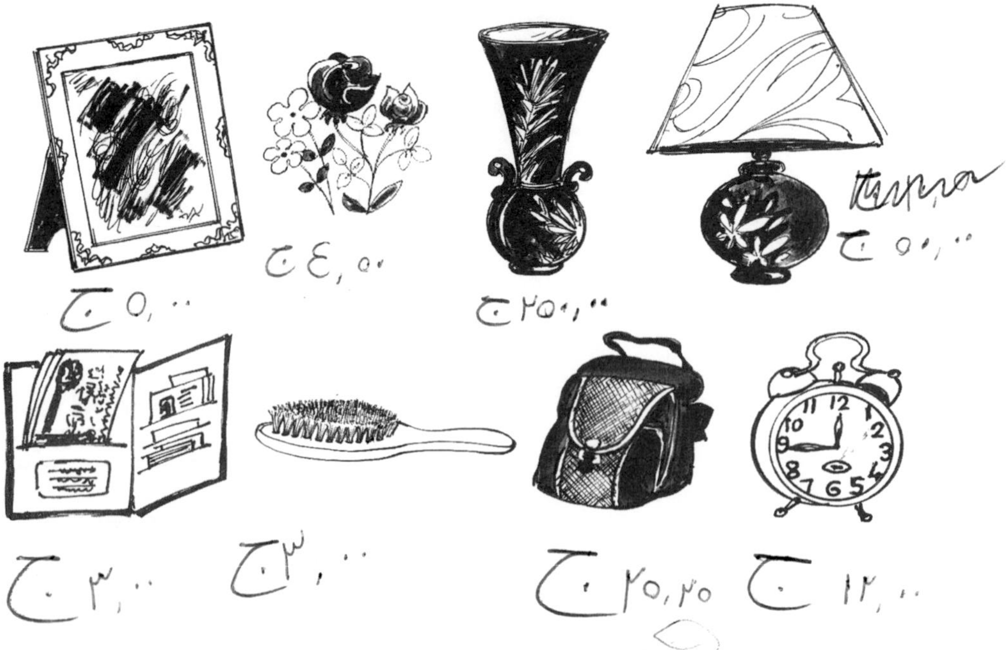

نصّ الاستماع لتدريب (١ ـ ب)

٦

زبون	لو سمحتي بكام النضّارة دي؟
بيّاعة	النضّارة دي بـ ٥٠ج.
زبون	و بكام الكاميرا دي؟
بيّاعة	الكاميرا دي بـ ٩٠ج.
زبون	و بكام الشّنطة دي؟
بيّاعة	الشّنطة دي بـ ٧٣ج.
زبون	إم .. و بكام القلم ده؟
بيّاعة	القلم بـ ٢٠,٥ج.
زبون	و الوَلاّعة دي بكام؟
بيّاعة	الوَلاّعة بـ ٦,٢٥ج.
زبون	طيّب عايز القلم و الوَلاّعة من فضلك .. الحساب كام؟
بياعة	الحساب ....

القراءة و الكتابة

حرف ك

٧

(١) اسمع و كرّر بعد المُدرّس.

كَ	كِ	كُ

كَلب	كِتاب	كُورة

الحرف في الأوّل: كلب — في النَصّ: سمكة — في الآخر: ديك

(٢) اكتب الحرف الناقص.

ـ لب ـ تاب ـ ورة

٨

(٣) اسمع من المُدرَس و اختار (كَ/ كِ/ كُ).

ـ ورة ـ لب ـ تاب

حرف ل

(١) اسمع و كرّر بعد المدرّس. ٩

لَ لِ لُ

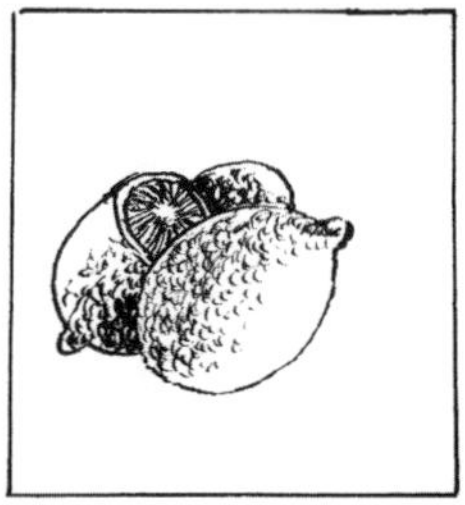  

لَمون لِعبة لُون

الحرف في الأوّل = لَمون في النُصّ = عِلْبة في الآخر= فيل.

(٢) اكتب الحرف الناقص.

ــ مون ــ عبة ــ ون.

(٣) اسمع من المُدرِّس و اكتب (لَ/ لِ/ لُ). ١٠

ــ ون ــ مون ــ عبة.

تدريب على الحرفين (ك/ ل)

١١

اسمع و اكتب الحرف الناقص.

ــ تاب	كــ ــ ب	ديــ ــ	سمــ ــ ة
ــ حمة	فيــ ــ	ــ ورة	ــ عبة
ــ ون	ــ بن	قــ ــ م	د يــ ــ.

الحلّ:

كتاب ــ كلب ــ ديك ــ سمكة ــ لحمة ــ فيل ــ كورة ــ لعبة ــ لون ــ لبن ــ قلم ــ ديل.

حرف م

(١) اسمع و كرّر بعد المدرّس. ١٢

مَ مِ مُ

مَصنع ميِكانيكي مُدير

الحرف في الأوّل = مصنع في النُصّ = سمك/ سامي في الآخر = عَلَم/ علوم

(٢) اكتب الحرف الناقص.

ـ صنع ـ يكانيكي ـ دير

(٣) اسمع المُدرِّس و اكتب (مَ/ مِ/ مُ). ١٣

ـ دير ـ صنع ـ يكانيكي

حرف ن

(١) اسمع و كرّر بعد المدرّس. ١٤

نَ نِ نُ

نَخلة نِمر نُجوم Stars

الحرف في الأوّل = نَخلة في النُصّ = عِنَب في الآخر = عِين/ عيون

(٢) اكتب الحرف الناقص.

ـــ خلة ـــ مر ـــ جوم

(٣) اسمع المُدرِّس و اكتب (نَ/ نِ/ نُ). ١٥

ـــ مر ـــ جوم ـــ خلة

تدريبات عامة على (ك/ ق/ ل/ م/ ن)

(١) اسمع من المُدرِّس و اكتب ق و للا ك. ١٦

ـــ تاب ـــ طّة ـــ رّاسة ـــ لب

ـــ لم ـــ فص ـــ نفد ور ـــ ة

سمـ ـــ ة مـ ـــ صّ ـــ ورة صندو ـــ

الحلّ:

كتاب ـــ قُطّة ـــ كُرّاسة ـــ كَلْب ـــ قَلَم ـــ قَفَص ـــ قُنْفُد ـــ وَرَقة ـــ سَمَكة ـــ مَقَــص ـــ كُورة ـــ صَنْدوق.

(٢) اسمع و اكتب الحرف الناقص (ع/ غ/ ف/ ق/ ك/ ل/ م/ ن). ١٧

١- ـــ رد	٥- ـــ راشة	٩- ـــ يكانيكي	١٣- ـــ دير
٢- ـــ زال	٦- ـــ لب	١٠- ـــ خلة	١٤- ـــ عبة
٣- ـــ مون	٧- ـــ نب	١١- ـــ صنع	١٥- ـــ ون
٤- ـــ راب	٨- سـ ـــ كة	١٢- ـــ جوم	١٦- مـ ـــ صّ

الحلّ:

قرد ـــ غزال ـــ لمون ـــ غراب ـــ فراشة ـــ كلب ـــ عنب ـــ ســمكة ـــ ميكــانيكي ـــ نخلة ـــ مصنع ـــ نجوم ـــ مدير ـــ لعبة ـــ لون ـــ مقصّ.

تقديم (٢أ)

أوميجا سوبر ماركت

١٨

(١) بُصّ لإعلان السوبر ماركت ده. اكتب النمرة قدّام الصورة الصحّ.

١- كيلوجبْنَة.
٢- بَاكو زِبْدة.
٣- كيس سُكّر.
٤- إزازة زِيت.
٥- بَرْطَمان مِربّى.
٦- علْبِة حَلاوة.
٧- كَرْتونة بيض.
٨- صُنْدوق ميّة.

(٢) املا الجَدْوَل بالحاجات التانية في الإعلان. إيه ده؟ إيه دي؟

ده كِيس	ده بَاكو	دي إِزَازة	ده بَرْطَمان	دي عِلْبَة	دي كَرْتُونة	ده صَنْدوق	ده كِيلو

تقديم (٢ب)

١٩

أوميجا سوبر ماركت

اسمع الحوار و قول الزبونة عايزة إيه.

زبونة	لو سمحت عايزة باكو زِبْدة و كيس سُكّر.
بيّاع	باكو زِبْدة و كيس سُكّر.. حاجة تانية؟
زبونة	أيوه .. عايزة كَرْتونة بيض و ½ كيلو جِبْنَة و عِلْبة حَلاوة.
بيّاع	حاضر.. كرتونة بيض و ½ كيلو جِبْنَة .. لكن آسف .. مافيش حَلاوة ..
زبونة	حاجة تانية؟
	لا شكراً .. الحساب كام؟
بيّاع	الحساب ٢٥ جنيه.

اسمع مرّة تانية و جاوب. إيه طلب الزبونة؟ فيه حَلاوة في المحل؟

لاحظ القواعد

(١) لغة الطلب و الشرا.

الزبون	البياع
لو سمحت عايز/عايزة + اسم Item بكام؟ الحساب كام؟	حاضر/ لا آسف مافيش. بـــ .... الحساب ....

(٢) أسماء البقالة

٢٠

ده كيس: رُز/ سُكّر/ شاي/ مَكَرونة/ شِبسي.

ده باكو: شاي/ زِبْدة/ بَسّكوت/ شيكولاتة.

دي علبة: لَبَن/ زَبَادي/ شاي/ عَصير/ فُول/ كَبْريت/ كورن فليكس.

دي إزازة: ميّه/ نِبيت/ زِيت/ خَلّ/ لَبَن.

ده بَرْطَمَان: مِربّى/ صَلْصة.

٢١

ده صَنْدوق: ميّه/ كوكا ... إلخ.

ده كيلو: جِبْنَة/ سُكّر/ ...إلخ.

التدريبات

تدريب (٢ - أ(١))

اسأل زميلك بالتبادل إيه ده؟ إيه دي؟

و قول اسم حاجات البقالة.

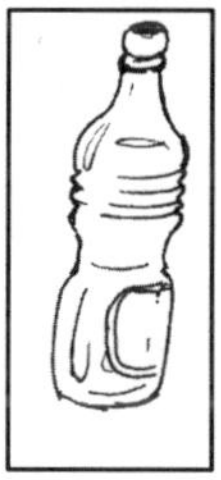

تدريب (٢- أ(٢))

كلمات مفيدة: عسل/ دقيق/ سمن

اسألوا بعض بالتبادل كام حاجة تعرفها باسم كيس/ صندوق ... إلخ.

مثال:

١- كِيس سُكّر: ده كيس سُكّر/ كِيس رُز/ كِيس شبسي/ -----/ -----/ -----.

٢- إزازة ميّه: دي إزازة ميّة/ -----/ -----/ -----/ -----.

٣- صَنْدوق كوكا: ده صَنْدوق كوكا/ -----/ -----/ -----.

٤- باكو بسّكوت: ده باكو بسّكوت/ -----/ -----/ -----/ -----.

٥- علْبَة كورن فليكس: دي علْبَة كورن فليكس/ -----/ -----/ -----.

٦- بَرْطَمَان مستردة: ده بَرْطَمَان مستردة/ -----/ -----/ -----.

تدريب (٢ ـ ب)

٢٢

عم محمود البقّال

كلمات مفيدة: عيش توست/ بسّكوت/ لستة.

نَجيب عند البقّال و معاه لستة.

١- اسمع و قول هوّ عايز إيه من اللستة؟

٢- بُصّ للستة .. هوّ مش عايز إيه؟

٣- فيه توست عند البقّال؟

٤- الحساب كام؟

٥- دي لستة نَجيب. اكتب أسعار للحاجات من عندك.

كرّر الحوار مع زميلك

إنت مرّة تكون الزبون و مرّة البقّال. اسأل عن الحساب.

٦- دي لستة طلبات تانية.

اكتب أسعار من عندك و كرّر التمرين مع زميلك.

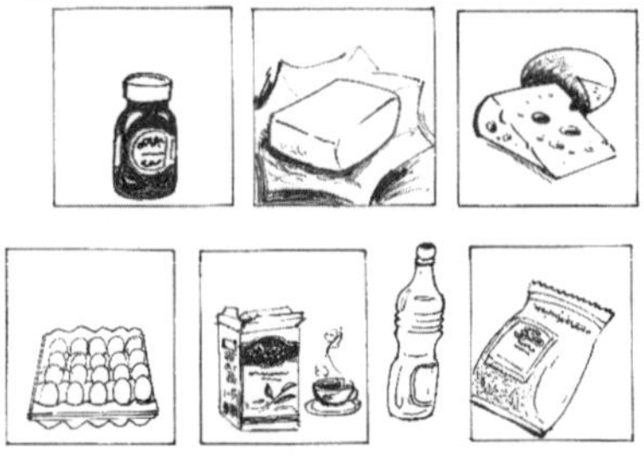

لسته ١

لسته ٢

لسته ٣

تدريب (٢- ج (٢))

تمثيل

دي لسته حاجات عم محمود

طـــالب (أ): اعمل لستة بطلبات إنت عايزها و اطلبها من البقّال.

طالب (ب): إنت عم محمود. اكتب أسعارك و اعمل فاتورة الحساب لطلبات زميلك.

استعمل حوار زيّ اللي في تدريب (٢- ب).

غيّروا الأدوار و كرّروا النشاط.

نصّ الاستماع لتدريب (٢ - ب)

٢٢

نَجيب	لو سمحت ياعم محمود عايز إزَازِة زِيت و كيلو جِبْنة.
محمود	حاضر.. إزَازِة زِيت و كيلو جِبْنَة.. حاجة تانية؟
نجيب	أيوه. عايز عِلْبة كورن فليكس و عيش توستة.
محمود	لا آسف مافيش توست دلوقتي. فيه كورن فليكس بسّ.
نَجيب	ماشي. و عايز كَرْتونة بيض و كِيس رُز ٥ كيلو.
محمود	حاضر يابيه كرْتونة بيض و كِيس رُز ٥ كيلو.. حاجة تانية؟
نجيب	لا شكراً. الحساب كام؟
محمود	الحساب ٦٠ جنيه بسّ.

القراءة و الكتابة

حرف ه

(١) اسمع وكرر بعد المدرس. ٢٣

هَـ   هِـ   هُـ

هَرَم   هِلال   هُدْهُد

الحرف في الأوّل = هَرَم   في النُصّ = نَهْر   في الآخر = مِنَبّه

(٢) اكتب الحرف الناقص.

ــ رم   ــ لال   ــ د ــ د

(٣) اسمع المُدرِّس و اكتب: (هَ/ هِ/ هُ). ٢٤

ــ د ــ د   ــ لال   ــ رم

حرف و

(١) اسمع وكرر بعد المدرس. ٢٥

وَ   وِ   وُ

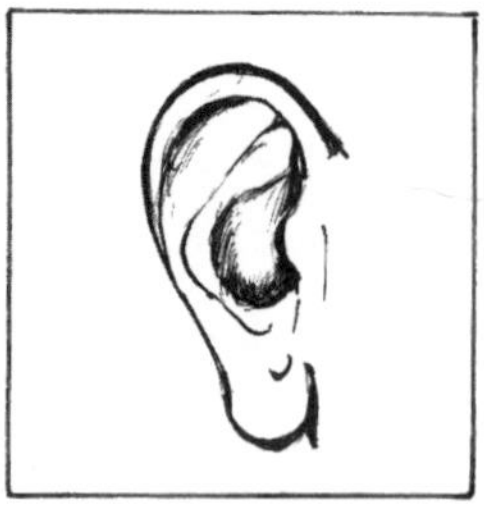

وَرَقة   وِدْن   وُرُود

في الأوّل = وَرَقة   في النُصّ = مُوزة   في الآخِر = حلِو

(٢) اكتب الحرف الناقص.

ـــ رقة   ـــ دن   ـــ ر ـــ د

(٣) اسمع المُدرِّس و اكتب (وَ/ وِ/ وُ).   ٢٦

ـــ ر ـــ د   ـــ دن   ـــ رقة

حرف ي

(١) اسمع و كرر بعد المدرس.   ٢٧

يَ   يِ   يُ

يَاسمين   يِحيى   يُوستفندي

الحرف في الأوّل = يَد   في النُصّ = عين   في الآخر = كرسي/ يسري

(٢) اكتب الحرف الناقص.

ـــ اسمين   ـــ حـ ـــ ـــ   ـــ وستفند ـــ

(٣) اسمع للمُدرِّس و اكتب: (يَ/ يِ/ يُ).   ٢٨

ـــ وستفند ـــ   ـــ اسمين   ـــ حيى.

تدريبات عامة

تدريب (١)

٢٩

اسمع و اكتب الحرف الناقص: (م/ ن/ هـ/ و/ ي).

ع ــ ب/ ــ وزة / ع ــ ن/ ــ خلة/ ــ انجة/ ــ لد/ ــ ــ بّه/ ــ رقــة/ يوســتفند ــ/ ــ لال/ ــ ا ــ د/ كرسـ ــ/ ــ مر/ جـ ــ ل/ ف ــ د/ ــ ر ــ د/ قل ــ.

الحلّ:

عنب ــ مُوزة ــ عين ــ نَخْلة ــ مانْجة ــ ولَد ــ منبّه ــ ورَقة ــ يوستفندي ــ هلال ــ ناهِد ــ كُرسي ــ نِمْر ــ جَمَل ــ فَهْد ــ وُرُود ــ قلَم.

تدريب (٢)

٣٠

اسمع و اكتب الحرف الناقص (ث/ ص/ س).

ــ قر/ ــ مار/ أ ــ د/ ــ عبان/ تمـ ــ اح/ شمـ ــ/ ع ــ فور/ را ــ/ ــ وم/ ــ مــك/ ضر ــ/ ــ ينيّة/ ــ لا ــ ة/ خـ ــ/ مق ــ/ ــ اروخ/ مـ ــ لـ ــ/ ــ ور.

الحلّ:

صقر ــ ثِمار ــ أسد ــ ثعبان ــ تمساح ــ شمس ــ عصفور ــ راس ــ ثوم ــ ســمك ــ ضرس ــ صينيّة ــ ثلاثة ــ خسّ ــ مقصّ ــ صاروخ ــ مثلث ــ سور.

تدريب (٣)

١- رتّب الحروف و كوّن كلمة. ٢- وصّل أ مع ب.

(أ)	(ب)
لاً أ هـ	كويّس.
زك إ ي	صباح الخير.
ح ب ا ص ــ خ ي ا ر ل	اسمي.
ي و ك س	إزّيك؟
ي س ا م	أهلاً.

تدريب (٤)

اكتب الحرف الناقص في الحوار.

أ- صبا ــ ال ــ ير. ب- ــ باح الن ــ ر.

أ- م ــ اء الخ ــ ر. ب- ــ ساء ال ــ ور.

أ- إ ــ يك؟ ب- ال ــ مد ل ــ ه ــ ويّس.

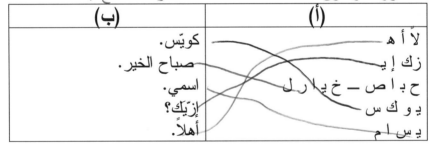

افتكـــــــر

(١) الفلوس: جنيه ـ ½ جنيه ـ رُبْع جنيه ـ ½ ريال ـ عَشَرة صاغ ـ خَمْسَة صـــاغ ـ فَكّة ـ خَمْسَة جنيه ـ عَشَرة جنيه ـ عِشْرين جنيه ـ خَمْسِين جنيه ـ ميت جنيه.

(٢) للطلب و السؤال عن السعر

للطلب و السؤال عن السعر	**الجواب**
لو سمحت عايز قلم.	اتفضّل.
بكام القلم؟ القلم بكام؟	القلم بـــ ...
فيه فكّة؟	أيوه فيه/ لا مافيش.
الحساب كام؟	الحساب .....

(٣) مفردات البقالة

باكُو ـ كِيس ـ إزَازَة ـ صَنْدُوق ـ كَرْتونة ـ عِلْبَة ـ بَرْطَمَان.

(٤) للشرا من البقّال

الطلب	**الردّ**
لو سمحت عايز/ عايزة	اتفضّل.
فيه توست؟	لا آسف مافيش توست.
الحساب كام؟	الحساب .....

الوحدة الرابعة

Unit 4

Page 68 صفحة ٦٨

Presentation 1 bikam ēlkitab da? (How much is this book?)

Study this vocab

da: gineeh – nus gineeh – robع gineeh.

di: foluus – fakka – khamsa gineeh – عashra gineeh – عeshriin gineeh – khamsiin gineeh – miit gineeh.

Listen and find out the price of the pen.

Page 69 صفحة ٦٩

٢

zubuun	law samaht, bikam ēlqalam ēg-gaf?
bayyaع	ēlqalam ēg-gaf bi ٤ gineeh we nus, we ēlqalam ēr-rusas bi ٢ gineeh.
zubuun	tayyib. عayiz qalam gaf we qalam rusas law samaht.
bayyaع	ētfaddal.
zubuun	ēlhisab kam?
bayyaع	ēlhisab ٦ gineeh we nus.
zubuun	fih fakkit ١٠ gineeh?
bayyaع	āywa. ētfaddal ٣ gineeh we nus.

Page 71 صفحة ٧١

Kalimat Mufiida (useful vocabulary): naddara / wallaعa

Ēt-tadriibat

Page 71 صفحة ٧١

Tadriib (ب - 1):-

Mahal Safi lilhadaya (Safi's giftshop)

1. Listen and write the price on each item.
2. What is the total?

Page 73 صفحة ٧٣

(ب - 1):- Listening text ٦

zubuun	law samahti bikam en-naddara di?
bayyaعa	ēn-naddara di bikhamsiin gineeh.
zubuun	we bikam ēlkamira di?
bayyaعa	ēlkamira di bi tisعiin gineeh.
zubuun	we bikam ēsh-shanta di?
bayyaعa	ēsh-shanta di bitalata we sabعiin gineeh.
zubuun	ēmm.. we bikam ēlqalam da?
bayyaعa	ēlqalam bi عeshriin gineeh we nus.
zubuun	wel wallaعa di bikam?
bayyaعa	ēlwallaعa bisitta gineeh we robع.
zubuun	tayyib, عayiz qalam we wallaعa min fadlek…. ēlhisab kam?
bayyaعa	ēlhisab…………..

Page 77 ٧٧ صفحة

Presentation 2a (أ - 2):- Ōmega Super Market

١٨

(1) Write the number under the correct item in these ads.

1- kilo gibna.	4- ēzazit zeet.	7- kartoonit beid.
2- bako zibda.	5- bartaman mirabba.	8- sanduuq mayya.
3- kiis sukkar.	6- ﻋilbit halawa.	

(2) ēh da? ēh di? Fill in the table with the names of grocery items

da kiis	da bako	di ēzaza	da bartaman
di ﻋilba	**di kartoona**	**da sanduuq**	**da kilo**

Page 78 ٧٨ صفحة

Presentation 2b (٢ب) Ōmega Super Market

Listen and find out what the customer wants

١٩

zubuuna	law samaht ﻋayza bako zibda we kiis sukkar.
bayyaﻉ	bako zibda we kiis sukkar, haga tanya?
zubuuna	āywa. ﻋayza kartoonit beid we nus kilo gibna we ﻋilbit halawa.
bayyaﻉ	hader. kartoonit beid we nus kilo gibna. lakin āasif mafiish halawa. haga tanya?
zubuuna	la. shukran. ēlhisab kam?
bayyaﻉ	ēlhisab khamsa we ﻋeshriin gineeh.

Page 79 ٧٩ صفحة

Kalimat Mufiida (useful vocabulary): ﻋasal / diqiiq / samn

Ēt-tadriibat

Page 79 صفحة ٧٩

Tadriib ((2)أ - 2):

Ask each other alternatively which items come in bags, packs, cartons, boxes or bottles.

For example:

(1) kiis sukkar: da kiis sukkar/ kiis rozz/ kiis shipsi/ ______________ .

(2) ēzazit mayya: di ēzazit mayya/ ________ /________ /________

(3) sanduuq koka: da sanduuq koka/ /__________ /__________.

(4) bako baskoot: da bako baskoot/ /_______ /________ /________.

(5) ؏ilbit korn fleks: di ؏ilbit korn fleks/ _________ /_______ /________.

(6) bartaman mustarda: da bartaman mustarda/ /__________.

Page 81 صفحة ٨١

Tadriib (ب – 2):- ؏am Mahmuud ēlbaqqal (Mahmuud the grocer)

Tadriib(ب – 2):- Listening text: Answer: what is the total?

Nagiib	law samaht ya ؏am Mahmuud, ؏ayiz ēzazit zeet we kilo gibna.
Mahmuud	hader. ēzazit zeet we kilo gibna. haga tanya?
Nagiib	āywa. ؏ayiz ؏elbit korn fleks we ؏eesh tost.
Mahmuud	la lilāsaf mafiish tost dilwaqti. fih korn fleks bas.
Nagiib	mashi. we ؏ayiz kartoonit beid we kiis rozz khamsa kilo.
Mahmuud	hader ya beeh, kartoonit beid we kiis rozz khamsa kilo. haga tanya?
Nagiib	la shukran. ēlhisab kam?
Mahmuud	ēlhisab sittiin gineeh bas.

الوحدة الخامسة

محتويات الموضوعات في الوحدة الخامسة

- **تقديم (١)**: الكلام عن أماكن الأشياء و تدريس ظرف المكان.
  تدريس حروف المدّ و علامات التشكيل.

- **تقديم (٢)**: الكلام عن مكان و عنوان السكن.
  تدريس التاء المربوطة و الشدّة.

فهرس الكلمات الجديدة في الوحدة ٥

تقديم (١):

فُوق ــ تحت ــ على ــ قُدّام ــ ورا ــ في ــ جُوّه ــ بين ــ جنب ــ عِلْبة
صورة ــ فِنْجَان ــ بوتاجاز ــ كَسَرولّة ــ طاسة ــ أَبْريق شاى ــ كُبّاية
طَبَق ــ فُوطة ــ شُوكة ــ سِكّينة ــ مَعْلَقة ــ تلاّجة ــ أقلام ــ صورة
صُور ــ مُفْتاح ــ مَفَاتيح.

تقديم (٢):

دور ــ شارع ــ منطقة ــ شقّة جديدة ــ عِمارة ــ مَبْروك ــ مين؟ ــ فين؟
أنهي؟ ــ كام؟ ــ بوسطة ــ كُشك سجاير ــ فين بالظبط؟

الوحدة الخامسة

تقديم (١)

فين النضّارة؟

١

كرّر مع المدرّس فين النضّارة.

النضّارة قدّام العِلْبة.

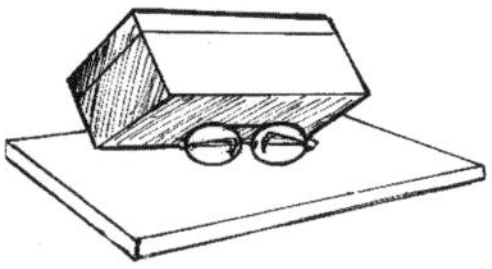

النضّارة تحت العِلْبة.

النضّارة فوق العِلْبة.

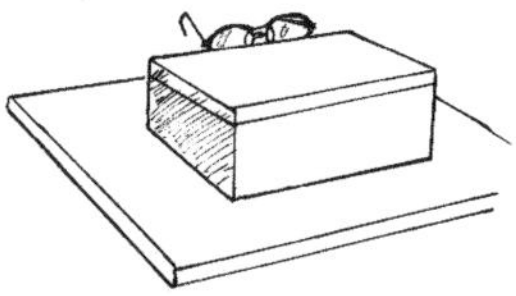

النضّارة ورا العِلْبة.

النضّارة (في) جوّه العِلْبة.

النضّارة على الكرسي.

النضّارة بين التليفزيون و العِلْبة.

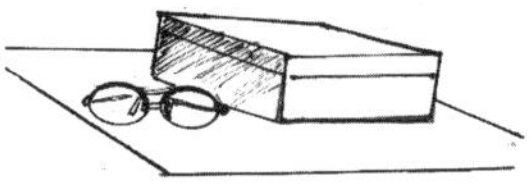

النضّارة جنب العِلْبة.

النفي:

٢

النضّارة جنب العِلْبة؟

لا النضّارة مش جنب العِلْبة.

النضّارة جُوّه العِلْبة.

لاحظ القواعد

للسؤال عن أماكن الحاجات

سؤال	جواب	
(١) فين النضّارة؟	النضّارة فوق/ تحت/ قدّام/ ورا/ جنب/ جوّه/ على/ بين الـــ.	٣
(٢) للنفي النضّارة جنب العلبة؟	لا النضّارة مش جنب العلبة. لا + مش + ظرف المكان (تحت/ فوق/ ورا.. إلخ.)	٤

التدريبات

تدريب (١ - أ)

اسأل زميلك بالتبادل. طالب (أ): فين الـــ ......؟

طالب (ب): الـــ ...... في/ تحت/ .. إلخ.

(١)

الكتاب ---- الكرسي.

(٢)

الصورة ---- الباب.

(٣)

الشَنطة ---- الترابيزة.

(٤)

النضارة ---- التليفزيون.

(٥)

الولد ---- الباب.

(٦)

القلم ---- الشَنطة.

(٧)

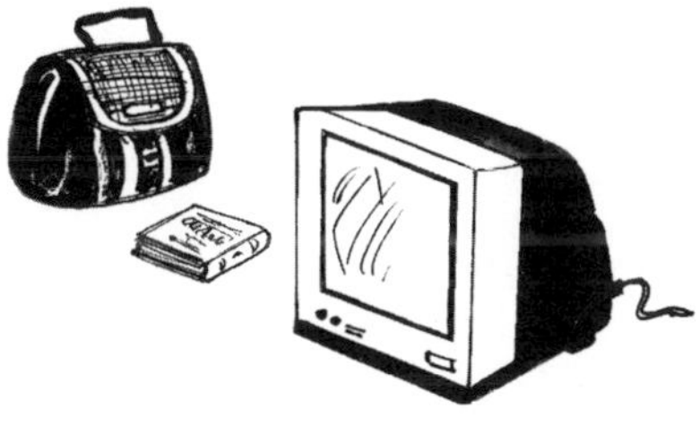

الكتاب ---- الشنطة و التليفزيون.

تدريب (١ - ب(١))

كلام

كلمة مفيدة: صورة

(١) اسأل زميلك زيّ المثال. (جنب)

- الكتاب جنب الكرسي؟
- لا الكتاب مش جنب الكرسي.
- الكتاب فوق الكرسي.

(٢) اعكسوا الأدوار و كرّروا النشاط.

تدريب (١- ب(٢))

فين الفِنْجَان؟

كلمات مفيدة: بوتاجاز/ فِنْجَان/ كَسَرولّة/ طاسة/ أَبْريـــق
شاي/ كُبّاية/ طَبَق/ فُوطة/ شُوكَة/ سكّينَة/ مَعْلقَة/ تلاّجة

— Tea

Spoon Knife Dish/plate

ناهد عيّانة. و جوزها مش عارف فين الحاجات في المطبخ.

١- اسمع و جاوب السؤال عن أنهي حاجات؟

٢- اسمع مرّة تانية و جاوب فين مكان الحاجات دي؟

٣- بُصّ للصورة مرّة تانية و اسأل زميلك عن باقي الحاجات اللي في الصورة.

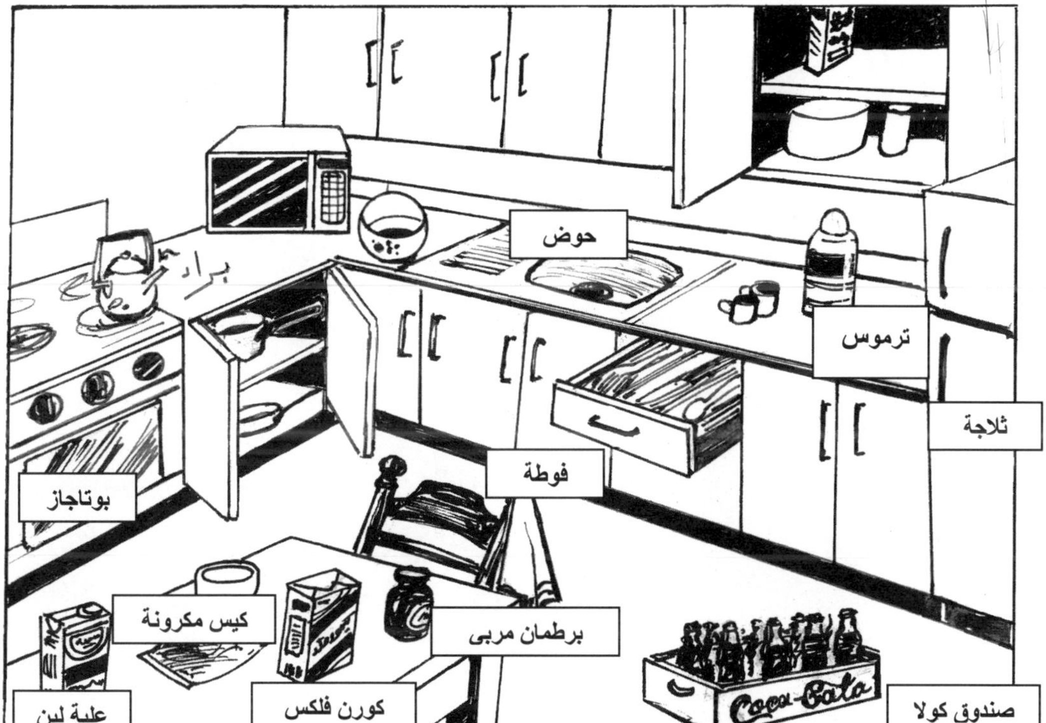

Cabinet Kitchen

[redacted]

الدولاب

تدريب (١ - ج (١))

كلمات مفيدة: قلم/ أقلام/ صُورة/ صُوَر/ مُفْتَاح/ مَفَاتيح

دي أُوضة *سِهام*. اسأل زميلك بالتبادل عن الحاجات اللي في الأُوضة.

تدريب (١ - ج (٢))

اسأل زمايلك عن الناس و الحاجات اللي في الفصل.

مثال: فين *جون*؟ *جون* ورا *سام*. فين كتابك؟ كتابي فوق الكرسي.

نصّ الاستماع لتدريب (١ - ب (٢)) ٥

ماجد	*ناهد* .. فين تِرْموس القهوة؟
ناهد	تِرْموس القهوة جنب التلاّجة.
ماجد	التِرْموس جنب التلاّجة .. طيّب و فين الفِنْجَان؟
ناهد	الفِنْجَان على دولاب المطبخ بين التِرموس و الحوض.
ماجد	الفِنْجَان على دولاب المطبخ بين التِرموس و الحوض .. طيّب و فين المَعْلَقَة؟
ناهد	المَعْلَقة جُوّه الدُرْج.
ماجد	جُوّه الدُرْج .. إم .. طيّب و فين السُكّر؟
ناهد	يووه ..

القراءة و الكتابة

حروف المدّ

٦

إيه الفرق بين الأصوات دي؟ اسمع من المدرّس.

(١) آ مدّ آ آمِن آخِر	(٢) مدّ با باب
(٣) ياء مدّ تي تين	(٤) واو مدّ سُو سُوق

إيه هيّ حروف المدّ؟

(١) مدّ بالألف.

بـَـ ب

غزَـ ل

(٢) مدّ بالواو.

طُيـو ر

سبُّـو رة

(٣) مدّ بالياء.

د يـاك

فـيـل

تدريب (١)

رتّب الحروف و وصّل بالصورة.

١- (ل ف ي)

٢- (ط ظ ب ا)

٣- (ل غ ز ا)

٤- (ك ي د)

٥- (و ي ط ر)

٦- (ا ب ب)

٧- (س و ب ة ر)

٨- (ة إ ز ز ا)

٩- (س ي ك)

١٠- (ن ب ر ط ا م)

١١- (ق ص ن و د)

مراجعة على الفرق بين الأصوات

تدريب (٢)

٧

اسمع المُدرِّس و حُطّ علامة صحّ على الكلمة اللي تسمعها:

فتحة أو (ا) مدّ

١- (طَابا/ طَبْ) ٢- (كِتَاب/ كَتَب) ٣- (فَاتح/ فتَح)

٤- (سمّاك/ سمَك) ٥- (نَار/ نرْ) ٦- (وَالد/ ولَد)

٨

ضمّة أو (و) مدّ

١- (صُورة/ صُرة) ٢- (طُيُور/ طُيُر) ٣- (وُرُود/ وُرُد)

٩

كسرة أو (ي) مدّ

١- (خميس/ خمس) ٢- (فَهيم/ فَهم)

٣- (فيل/ فِلَ) ٤- (فطير/ فِطِر)

مراجعة على أصوات الحروف

تدريب (١)

(ملاحظة: الحل هو تدريب القراءة ٣)

(١) اسمع المُدرِّس و اكتب الحرف الناقص: (ت/ ط).

١ - بـ ــ اطس ٢ - بر ــ قانة ٣ - ــ ين ٤ - ــ يور

٥ - ــ مر ٦ - ــ مساح ٧ - بنـ ــ ٨ - ــ اووس

٩ - ــ فل ١٠- ظابـ ــ ١١- ــ رد ١٢- ــ اج

(٢) وصّل الحروف و اكتب الكلمة.

(ط ف ل) ـــــ (ظ ا ب ط) ـــــ (ط ر د) ـــــ (ت ا ج) ـــــ

(ت م ر) ـــــ (ت م س ا ح) ـــــ (ب ن ت) ـــــ (ط ا و و س) ـــــ

(ب ط ا ط س) ـــــ (ب ر ت ق ا ن ة) ـــــ (ت ي ن) ـــــ (ط ي و ر) ـــــ

(٣) اقرا الكلمات بالتبادل مع زميلك.

بَطَاطِس	بُرتُقَانَة	تين	طُيور
تَمْر	تِمْسَاح	بِنْت	طَاووس
طِفْل	ظَابِط	طَرْد	تَاج

تدريب (٢) ١٠

(١) اسمع المدرّس و اكتب الحرف الناقص: (خ/ غ).

١- ــ زال ٢- ــ اتم ٣- صمـ ــ ٤- بطيـ ــ

٥- ــ راب ٦- ــ روف ٧- ــ يارة ٨- ــ يم

(٢) اقرا الكلمات اللي فاتت بالتبادل مع زميلك.

١- خَروف ٢- غُراب ٣- صَمْغ ٤- خَاتِم

٥- غَزَال ٦- خِيَارة ٧- غِيم ٨- بَطِيخّ

(٣) رتّب الحروف و اكتب الكلمات.

١- (ب ا ر غ) ٢- (ر ف و خ) ٣- (ت خ ا م) ٤- (م غ ي)

٥- (ل ز ا غ) ٦- (غ ص م) ٧- (ي ا خ ر ة) ٨- (خ ب ط ي)

صحّح من تدريب (٢) للقراءة.

غارب

تقديم (٢)

في القاهرة الجديدة

كلمات مفيدة: دُور/ شارِع/ مَنْطِقة/ شقّة جديدة/ عِمارة/ مَبْروك.

سميحة دلوقتي في شقّة جديدة. اسمع و جاوب.

١- هيّ ساكنة فين دلوقتي؟ في أنهي منطقة؟

٢- ساكنة في أنهي شارع؟

٣- *ماجد* ساكن فين؟

الحوار

سميحة	مين! أهلاً!! إزّيك يا *ماجد* عامل إيه؟
ماجد	الحمد لله كويّس. مبروك الشقّة الجديدة يا *سميحة* .. و إنتي ساكنة فين دلوقتي؟
سميحة	أنا ساكنة في *القاهرة الجديدة*.
ماجد	فين في *القاهرة الجديدة*؟ في أنهي شارع؟
سميحة	في شارع *أم كلثوم*.
ماجد	عمارة نِمْرة كام؟ شقّة نِمْرة كام؟
سميحة	عمارة نِمْرة ١٥ شقّة ١٢.. و إنت ساكن فين؟ في *المهندسين*؟
ماجد	لا أنا مش ساكن في *المهندسين* .. أنا ساكن في *إمبابة*.

١١

لاحظ القواعد

(١) للسؤال عن السكن

السؤال	الإجابة
ساكِن فين؟	ساكِن في شارع ....
• ساكِن في أنهي عمارة؟	عمارة نمرة ....
• ساكِن في أنهي دور؟	ساكِن في الدور الـ .....
• شقّة نمرة كام؟	شقّة نمرة ....

(٢) **الضمائر** ١٢

ضمير المذكّر		ضمير المؤنّث	
أنا إنت هوّ	ساكِن	أنا إنتي هيّ	ساكْنَة
النفي: مش ساكِن		مش ساكْنَة	

(٣) **للسؤال عن الدور:** ساكن في أنهي دور؟   أرقام الأدوار من ١ – ١٠

الدور الأوّل ــ الدور التاني ــ الدور التالت ــ .. الدور العاشر.

الدور الــ ١١ ، ١٢ .. إلخ.

النطق

اسمع المُدرِّس و كرّر.

ساكِن   ساكْنَة   مش ساكِن   مش ساكْنَة

الأوّل   التاني   التالت   الخامس   العاشر

التدريبات

تدريب (٢ – أ)

استخدم لغة السؤال: مين/ فين/ أنهي/ كام؟

طـــالب (أ): اسأل عن معلومات الكارت الناقصة من طالب (ب).

طالب (ب): اسأل عن المعلومات اللي ناقصة عندك من طالب (أ).

طالب (أ)

أحمد السويفي ت: ٢٢٩١٣٦٠٥ ٥ ش *مصطفى عبده* الدور التاني. شقّة ١٥	*سناء عبيد* ت: ....
ماجد لطفي ت:	*عبد الله السيد* ت: ٤٩٨٨٤٧٢٦ ٨ ش *المنفلوطي* الدور التاسع. شقّة ٢٢
نجوى ظريف ت:	*سامر عجيب* ت: ٥٤٣٦٢٣١٩ ٢٩ ش *كامل صدقي ــ المهندسين* الدور التاسع. شقّة ١٤

طالب (ب)

أحمد السويفي ت:	*سناء عبيد* ت: ٣٢٤١٥٨٩٤ ٢٠ ش *نجيب الريحاني* الدور السابع. شقّة ٣٢
ماجد لطفي ت: ٢٦٧٤٢١٥٣ ١٨ ش *نجيب محفوظ* الدور التاني. شقّة ١٨	*عبد الله السيد* ت: ....
نجوى ظريف ت: ٤١٩٢٤٥٦٧ ٢ ش *معروف* الدور السادس. شقّة ٩٨	*سامر عجيب* ت: ....

تدريب (٢ – ب(١))

ساكْنَة جنب إيه؟ فين بالظبط؟

كلمات مفيدة: بوسْطة/ كُشْك السجاير/ فين بالظبط؟

اسمع الحوار و جاوب.

١– دكتورة *حنان* ساكنة فين بالظبط؟

٢– ساكْنَة في عمارة نمرة كام؟

٣– ساكْنَة في أنهي دور؟

٤– أستاذ *نبيل* ساكِن فين؟ ورا إيه؟

٥– عمارة نمرة كام؟

٦– أنهي دور؟

٧– شقّة نمرة كام؟

تدريب (٢ – ب(٢))

١– كوّن أسئلة للمعلومات اللي في الجدول و اعمل مع زميلك حوار زيّ اللي فات و كمّل المعلومات الناقصة من عندك.

طالب (أ)	طالب (ب)
(١) *الزمالك* شارع *حسن صبري* ـ جنب البوسطة عمارة .... الدور .... شقّة .... تليفون:	(١) *الجيزة* شارع *يوسف شوكت* ـ ورا البوسطة عمارة .... الدور .... شقّة .... تليفون: ....
(٢) *إمبابة* شارع *بسيوني* ـ فوق السوبر ماركت عمارة .... الدور .... شقّة .... تليفون:	(٢) *المعادي* شارع ٩ ـ قدّام كشك السجاير عمارة .... الدور .... شقّة .... تليفون: ....

٢- اعكس الأدوار و كرّر النشاط.

٣- هات معلومات تانية من عندك و كرّروا النشاط.

تدريب (٢ - ج)

اسأل زمايلك في الفصل و املا الجدول.

اسم الطالب	المنطقة	الشارع	العمارة	الدور	الشقّة	التليفون
١-						
٢-						
٣-						
٤-						
٥-						

نصّ الاستماع لتدريب (٢ - ب(١)) ١٣

نبيل	أهلاً دكتورة *حنان* .. إزّيِك يا دكتورة *حنان*؟
حنان	أهلاً يا *نبيل* إزيك إنت؟
نبيل	الحمد لله.. إنتي ساكْنَة هنا في *الدقيّ* يا دكتورة *حنان*؟
حنان	أيوه أنا ساكْنَة هنا في *الدقيّ*.
نبيل	ساكْنَة في أنهي عمارة؟
حنان	ساكْنَة في عمارة نمرة ٢٥.. العمارة بين البوسطة و كُشْك السجاير ده.
نبيل	أم .. ساكْنَة في عمارة ٢٥.. طيّب ساكنة في أنهي دور؟
حنان	ساكْنَة في الدور العاشر.. و إنت ساكِن فين؟
نبيل	أنا ساكِن في الشارع ده.. شارع *مصطفى علي*. ساكِن في عمارة ١٣.. الدور التالت.. ورا *بنك* مصر.

عمارة - Building

القراءة و الكتابة

١٤

التاء المربوطة و الشدّة

اقرا و كرّر بعد المدرّس.

نَضّارة   هدِيّة   سجّـادة   تَلاّجة

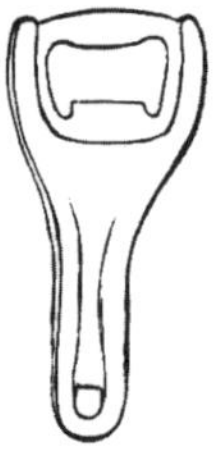

غَسّالة   فتّاحة   سكّينة   سبّورة

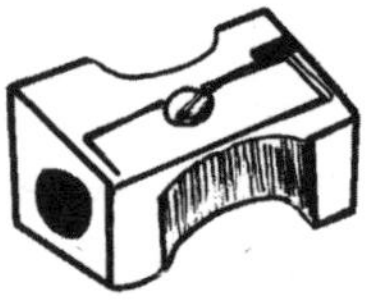

عَربيّة   قُطّة   تُفّاحة   بَرّاية

تدريب (١)

اكتب الكلمة تحت الصورة الصحّ.

سُبّورة ـ فتّاحة ـ عَربيّة ـ تُفّاحة ـ تلاّجة ـ نَضّارة ـ هدِيّة ـ سكّينة.

------   ------   ------   ------

------ ------ ------ ------

تدريب (٢)

وصّل الحروف و اكتب الكلمة.

تَ ل ل ا جَ ة　　هِ د ي ي ة　　سُ ب ب و ر ة　　نَ ض ض ا ر ة

------ ------ ------ ------

تدريب (٣)

رتّب الحروف و اكتب الكلمة.

س س غ ا ة ل　　ك ش ب ب ا　　ة ب ا ر ر ي　　ك ك س ة ي ن

------ ------ ------ ------

تدريب (٤)

حُطّ صحّ على الكلمات مع ت مربوطة. اكتب الكلمات.

 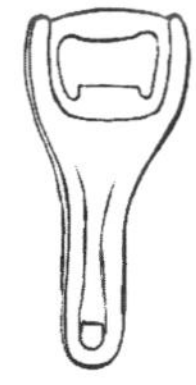  

------ ------ ------ ------

تدريب (٥)

وصّل الحروف و كوّن كلمة.

١- ب ر ر ا ي ة	٥- ن ج ج ا ر	٩- ر م م ا ن ة ....
٢- ف ت ت ا ح ة	٦- ب ل ل ا ع ة	١٠- م د ر ر س ....
٣- ب ط ط ة	٧- س ك ك ي ن ة	١١- ف ل ل ا ح ....
٤- ب و ا ب	٨- م س س ا ح ة	١٢- م م ر ر ض ة ....

مراجعة على الفرق في أصوات الحروف

مراجعة على الفرق بين (هـ/ ح)

(١) اسمع المدرّس و اكتب (هـ) أو (ح). ١٥

١- ــ دية ٢- ــ بل ٣- ــ لال ٤- ــ دهد

٥- ــ مامة ٦- ــ رم ٧- ــ مار ٨- ــ وت

(الفرق بين د/ ض)

(٢) اسمع المدرّس و اكتب (د) أو (ض). ١٦

١- ــ رس ٢- م ــ رب ٣- ــ رس ٤- ــ ف ــ ع

٥- ــ يك ٦- ــ ب ٧- بيـ ــ ٨- ــ رج

(الفرق بين أ/ ع)

(٣) اسمع المدرّس و اكتب (أ) أو (ع). ١٧

١- ــ رنب ٢- ــ مل ٣- ــ سد ٤- ــ نب

٥- ــ ين ٦- ضفد ــ ٧- ــ نكبوت ٨- ــ سل

(٤) اسمع المدرّس و اكتب التشكيل.

رمان ــ بطة ــ هدية ــ تفاحة ــ سلة ــ بواب ــ مدرسة ــ شباك ــ براية ــ تلاجة ــ سبورة.

<u>قراءة و كتابة موجّهة</u>

(١) اقرا النصّ.

أنا اسمي *مارك*. أنا من *أمريكا*.

أنا ساكن في *الزمالك*.

شارع *حسن صبري*.

عمارة نمرة ٩٥

شقّة نمرة ١٣

نمرة تليفوني ٢٨٧٥٠٦٢١

(٢) اكتب المعلومات الناقصة من النصّ.

أنا ا ــ ــ ي .... أنا من ....

أنا .... في ....

شار ــ ....

عمارة نمرة ....

.... نمرة ....

.... تليفوني ....

(٣) املا الكارت الشخصي بتاعك.

أنا .... أنا ....
أنا .... في ....
شارع ....
.... نمرة ....
شقّة ....
نمرة ....

افتكـــــــــر

(١) للسؤال عن أماكن الحاجات (ظرف المكان)

السؤال	الجواب
فين الكتاب؟	الكتاب على الترابيزة.
النفي	لا الكتاب مش تحت الترابيزة.
الكتاب تحت الترابيزة؟	الكتاب فوق الترابيزة.
	مش + ظرف المكان + الترابيزة

ظرف المكان: فوق/ تحت/ ورا/ قدّام/ على/ في/ بين/ جنب.

(٢) أ ـ للسؤال عن السكن

السؤال	الجواب
ساكِن/ ساكْنَة فين؟	ساكِن في *المهندسين* ...... إلخ.
في أنهي شارع؟	في شارع ....
عِمَارة نِمرة كام؟	عِمَارة نِمرة ....
ساكِن في أنهي دور؟	في الدور العاشر ....
شقّة نِمرة كام؟	شقّة نمرة ....

ب ـ أرقام الأدوار ساكن في أنهي دور؟

الدور الأوّل/ التاني/ التالت/ الرابع/ الخامس .... العاشر.

الـــ ١١/ الـــ ١٢/ الـــ ١٣...... إلخ.

ج ـ النفي

إنت ساكِن في *المهندسين*؟ لا أنا مش ساكِن في المهندسين.. أنا ساكن في *الزمالك*.

د ـ التصريف

أنا/ إنت/ هوّ ساكِن/ مش ساكِن.

أنا/ إنتي/ هيّ ساكْنَة/ مش ساكْنَة.

مراجعة من وحدة ١ – ٥

(١) وصّل الجملة المناسبة.

١– اسمك إيه؟ ط	أ– كويّس قوى الحمد لله.
٢– نمرة تليفونَك كام؟ ح	ب– أهلاً بيكى.
٣– إنت منين يا *ديفيد*؟ ز	جـ– الله يسلّمك.
٤– أهلاً و سهلاً. ب	د– إن شاء الله يا *فؤاد*.
٥– مع السّلامة. ج	هـ– لا .. معلش.
٦– أشوفِك بكره يا *هالة*. د	و– لا. أنا مش سعودى، أنا كويتى.
٧– عامل إيه يا مدحت؟ أ	ز– أنا من *فرنسا*.
٨– أنا آسف قوي. هـ	ح– ٢٧١٣٤٧٢٥
٩– حضرتَك سعودي؟ و	ط– اسمي *حسن*.

(٢) قول الردّ المناسب. اكتب إجابتك.

١ – دى نضّارتّك؟　　٢ – فين كتَابك؟　　٣ – إنت ساكِن في أنهي مدينة؟ أنهي منطقة؟

٤ – ده قلمك؟　　٥ – عِنوانَك إيه؟ شارع إيه؟

٦ – عِمَارتَك نِمرة كام؟ شقّتَك نِمرة كام؟ أنهي دور؟

٧ – ساكن جنب إيه؟ (محل – مستشفى – مطعم – إلخ ..)

(٣) اسأل زميلك عن أماكن الحاجات اللي فى الصورة.

الوحده الخامسه

Unit 5

Page 92 **صفحة ٩٢**

Presentation 1:

Feen ēn-naddara? (Where are the Glasses?)

Repeat after the teacher:

(١) ١

ēn-naddara qoddam ēlعilba – ēn-naddara taht ēlعilba – ēn-naddara fooq ēlعilba – ēn-naddara wara ēlعilba.

ēn-naddara (fi) gowwa ēlعilba – ēn-naddara عala lkursi – ēn-naddara been ēt-telivizyoon we ēlعilba – ēn-naddara ganb ēlعilba.

(٢) ٢

ēn-naddara ganb ēlعilba?
la ēn-naddara mish ganb ēlعilba.
ēn-naddara gowwa ēlعilba

Page 95 **صفحة ٩٥**

Kalimat Mufiida (useful vocabulary): butagaz / fingan / kasarolla / tasa / ābriiq shay / kobbaya / tabaq / fuuta / shoka we sikkiina / maعlaqa /

Ēt-tadriibat

Page 95 صفحة ٩٥

Tadriib ((2)ب - 1)

1- What is Nahid's husband asking about? Name these objects.

2- Where are these objects in the kitchen?

3- Ask your partner about the location of these objects:

tallaga – termos – hood – fuuta – butagaz – sanduuq kola – bartaman mirabba - korn fleks – kiis makarona – ع ilbit laban.

Page 96 صفحة ٩٦

Tadriib ((2)ب - 1): Listening text

٥

Magid	Nahid, feen termos elqahwa?
Nahid	termos elqahwa ganb et-tallaga.
Magid	ēt-termos ganb et-tallaga. tayyib we feen elfingan?
Nahid	ēlfingan عala dolab elmatbakh, been et-termos we lhood.
Magid	ēlfingan عala dolab elmatbakh been et-termos we lhood. tayyib we feen elmaعlaqa?
Nahid	elmaعlaqa gowwa ed-dorg.
Magid	gowa ed-dorg .. mmm tayyib we feen ēs-sukkar?
Nahid	yoooh ..

Presentation 2

Page 101 صفحة ١٠١

Fi ĒlQahera ĒlGidiida (In New Cairo)

Kalimat Mufiida (useful vocabulary): door / shareع / mantiqa / shaqqa gidiida / عimara / mabruuk.

(Samiha in her new flat, listen and answer):

1- heyya sakna feen dilwaqti? Sakna fi ānhi mantiqa?

2- sakna fi ānhi shareع?

3- Magid sakin feen?

Listening text ١١

Samiha	miin! ahlan!! ēzzayyak ya Magid. عamil ēh?
Magid	ālhamdu lillah kwayyis. mabruuk ēsh-shaqqa elgidiida ya Samiha. we ēnti sakna feen dilwaqti?
Samiha	āna sakna fi ĒlQahera ĒlGidiida.
Magid	feen fil Qahera lgidiida? fi ānhi shareع?
Samiha	fi shareع Om Kalsuum.
Magid	عimara nimra kam? shaqqa nimra kam?
Samiha	عimara nimra 15. shaqqa 12. we ēnta sakin feen? fi Elmohandisiin?
Magid	la āna mish sakin fi Elmohandisiin. āna sakin fi Embaba.

Page 103 صفحة ١٠٣

Ēt-tadriibat

Tadriib (أ - 2):-

ēstakhdim loghit ēs-soāal: feen/ ānhi / kam? (Ask where, which, how many?)

Page 103 صفحة ١٠٣

Talib (أ) (student a)

Āhmad Ēs-siwefi tel: 2291360 5 sh. Mustafa ع abdu ēd-door ēt-tani, shaqqa 15	Sanā ع beed tel: ………………………… …………………………
Magid Lutfi tel: ………………………… …………………………	ع abdalla Es-Sayyid tel: 49884726 8 sh. Ēlmanfalooti ēd-door et-taseع, shaqqa 22
Nagwa Zariif tel : …………..	Samer ع agiib tel: 54362319 29 sh. Kamil Sedqi – Ēlmohandisiin, ēd-door et-taseع, shaqqa 14

Talib (ب): (student b)

Āhmad Ēs-siwefi tel: ………………………… …………………………	Sanā ع beed tel: 32415894 20 sh. Nagiib Ēr-rihani Ēd-door ēs-sabeع, shaqqa 32
Magid Lutfi tel: 26742153 18 sh. Nagiib Mahfooz Ēd-door ēt-tani, shaqqa 18	ع abd alla Es-Sayyid tel: …………………………… ……………………………
Nagwa Zariif tel:41924567 2 sh. Maعruuf, ēd-door ēs-sadis, shaqqa 98	Samer ع agiib tel: ……………………………… ………………………………

Tadriib ((1)ب – 2): Page 104 صفحة ١٠٤

> **Kalimat Mufiida (useful vocabulary):** bosṭa / koshk ēs-sagayir/ feen biẓẓabṭ?

Sakna ganb ēh? sakna feen biẓẓabṭ? (Where do you live exactly)

Listen to the dialogue and answer:

1- Doktoora Ḥanan sakna feen biẓẓabṭ?

Tadriib ((1)ب – 2): (listening text) Page 105 صفحة ١٠٥

Nabiil	ahlan .. doktoora Ḥanan .. ēzzayyik ya doktoora Ḥanan?
Ḥanan	ahlan ya Nabiil .. ēzzayyak ēnta?
Nabiil	ālḥamdu lillah .. ēnti sakna hina fi Ed-doqi. ya doktoora Ḥanan?
Ḥanan	āywa āna sakna hina fi Ed-doqi.
Nabiil	sakna fi ānhi ɛimara?
Ḥanan	sakna fi ɛimara nimra 25.. ēl ɛimara been ēlbosṭa we koshk ēs-sagayir da.
Nabiil	emm.. sakna fi ɛimara 25.. ṭayyib sakna fi ānhi door?
Ḥanan	sakna fi ēd-door el ɛashir.. we ēnta sakin feen?
Nabiil	āna sakin fi esh-shareɛ da.. shareɛ Muṣtafa ɛali .. sakin fi ɛimara 13, ēd-door et-talit.. wara bank Maṣr.

Tadriib ((2)ب – 2):- Page 104 صفحة ١٠٤

Form questions and a dialogue using the information in the table

Talib (أ)	**Talib (ب)**
(1) Ēz-zamalik shareع Hasan Sabri – ganb ēlbosta عimara………. ēd-door………. shaqqa………… telefoon…………….	**(1) Ēg-giza** shareع Yuusif Shawkat – wara ēlbosta عimara ………. ēd-door………. shaqqa………… telefoon…………….
(2) Ēmbaba shareع Basyuuni – fooq ēs-super market. عimara………. ēd-door………. shaqqa………… telefoon…………….	**(2) Ēlmaعadi** Shareع tisعa ūddam koshk es-sagayir. عimara………. ēd-door………. shaqqah………… telefoon…………….

Page 105 صفحة ١٠٥

Tadriib (ج - 2):

Ask your partner and fill in the table:

ēsm ēt-talib	ēlmantiqa	ēshareع	ēlعimara	ēd-door	ēsh-shaqqa	ēt-telefoon
1-						
2-						
3-						
4-						
5-						

مراجعه من وحدة ١-٥

(Revision units 1-5)

Page 111 صفحة ١١١

Question 1: Connect:

1- ēsmak ēh?	- kwayyis q̲awi. Al hamdu lillah.
2- nimrit telefoonak kam?	- ahlan biki.
3- ēnta mineen ya David?	- āllah yisallimak.
4- āhlan wa sahlan?	- ēnsha āllah ya Fuāad
5- maعa as-salama.	- la .. maعlesh.
6- ashofik bokra ya Hala	- la āna mish Sعudi, āna Koweiti
7- عamil ēh ya Midh̲at?	- āna min Faransa.
8- āna āasif q̲awi.	- 27134725
9- h̲ad̲retak Sعudi?	- ēsmi H̲asan

Question 2: Write the correct answer:

1- di nad̲d̲artak?

2- feen kitabak?

3- ēnta sakin fi ānhi madina? ānhi mant̲iq̲a?

4- da q̲alamak?

5- عinwanak ēh? shareع ēh?

6- عimartak nimra kam? shaq̲q̲itak nimra kam? ānhi door?

7- sakin ganb ēh? (mah̲al – mustashfa – matعam – ….)

Arabic Alphabet الحروف الأبجدّية

الحرف	النطق	فى أول الكلمة	فى وسط الكلمة	فى آخر الكلمة
أ	Alef	.. ا ..	.. ـا ..	.. ـا
ب	Be	.. بـ ..	.. ـبـ ..	.. ـب
ت	Te	.. تـ ..	.. ـتـ ..	.. ـت
ث	Tha	.. ثـ ..	.. ـثـ ..	.. ـث
ج	Gim	.. جـ ..	.. ـجـ ..	.. ـج
ح	Ha	.. حـ ..	.. ـحـ ..	.. ـح
خ	Kha	.. خـ ..	.. ـخـ ..	.. ـخ
د	Dal	.. د ..	.. ـد ..	.. ـد
ذ	Thal	.. ذ ..	.. ـذ ..	.. ـذ
ر	Ra	.. ر ..	.. ـر ..	.. ـر
ز	Ze	.. ز ..	.. ـز ..	.. ـز
س	Sin	.. سـ ..	.. ـسـ ..	.. ـس
ش	Shiin	.. شـ ..	.. ـشـ ..	.. ـش
ص	Saad	.. صـ ..	.. ـصـ ..	.. ـص
ض	Dhaad	.. ضـ ..	.. ـضـ ..	.. ـض
ط	Taa	.. طـ ..	.. ـطـ ..	.. ـط
ظ	Zaa	.. ظـ ..	.. ـظـ ..	.. ـظ
ع	Ain	.. عـ ..	.. ـعـ ..	.. ـع
غ	Ghain	.. غـ ..	.. ـغـ ..	.. ـغ
ف	Fe	.. فـ ..	.. ـفـ ..	.. ـف
ق	Qaf	.. قـ ..	.. ـقـ ..	.. ـق
ك	Kaf	.. كـ ..	.. ـكـ ..	.. ـك
ل	Lam	.. لـ ..	.. ـلـ ..	.. ـل
م	Mim	.. مـ ..	.. ـمـ ..	.. ـم

الحرف	النطق	فى أول الكلمة	فى وسط الكلمة	فى آخر الكلمة
ن	Noon	.. نـــ ..	.. ــنـــ ..	.. ـــن
ه	Heh	.. هـــ ..	.. ـــهـــ ..	.. ـــه/ .. ـــة
و	Waw	.. و ..	.. ـــو ..	.. ـــو
ى	Ya	.. يـــ ..	.. ـــيـــ ..	.. ـــى
ء	Hamza	....	.. ـــئـــ ..	.. ء

تدريبات على القراءة والكتابة

(١) اسمع من المدرّس و حط خطّ تحت اسم البلد.

- سمير ساكن في *السعوديّة*.
- أحمد في *البرازيل*.
- وليد من *اليمن*.
- مارك من *ألمانيا*.

(٢) رتّب الجملة و اكتبها مرّة تانية.

١- المكتب/ الكرسي/ جنب.

٢- على/ الترابيزة/ القلم.

٣- السبورة/ المدرّس/ قدّام.

(٣) رتّب الحوارات

حوار ١

- الحمد للة كويّس يا وحيد. وإنت عامل إيه؟
- مساء النور يا وحيد.
- إزيك يا *تامر* كويّس؟
- مساء الخير يا *تامر*.

حوار ٢

عمارة نمرة كام يا *فريدة*؟

أنا ساكنة في *المهندسين* في شارع *إيران*.

إنتي ساكنة فين دلوقتي يا *حنان*؟

أنا ساكنة في *الدقي* في شارع *مصّدق* وإنتي ساكنة فين يا *فريدة*؟

عمارة نمرة ٧٥ الدور التالت.

الوحدة السادسة

محتويات الموضوعات في الوحدة السادسة

- **تقديم (١)**: السؤال عن الأماكن و الاتجاهات.
  تدريس الهمزة و طرق كتابتها على الحروف.

- تقديم (٢): السؤال عن الأماكن ــ الخدمات ــ الأشياء ــ الاتجاهات.
  تدريس الــ الشمسيّة و القمريّة.

فهرس الكلمات الجديدة في الوحدة ٦

تقديم (١):

على طول ــ امشي ــ خُشّ ــ بُوسْطة ــ مَسْرَح ــ جامِع ــ كِنِيسة ــ جِنِينة ــ مطافي ــ صيدليّة ــ مَتْحَف ــ فُرْن ــ مَغْسلة ــ محطّة قَطْر ــ مَعْهَد ــ سيب بَعْد ــ قَبْل ــ مَبْنى ــ مَحَطِة مترو.

تقديم (٢):

الاستقبال ــ بزنس سنتر ــ كُشْك جَرايد ــ مَطْعَم ــ حمّام سباحة ــ نادي صِحّي ــ كافيتريا ــ أكْل ــ سُخْن ــ مَمَرّ ــ صالة بلياردو ــ هدايا ــ مُجَوهَرات ــ مَلْعب تِنس ــ مَكتب سياحة ــ صالة حَفَلات ــ تِراس مفْتوح.

تقديم (١)

١

فين البوسطة؟

كلمات مفيدة: على طول/ امشى/ خشّ/ بوسطة

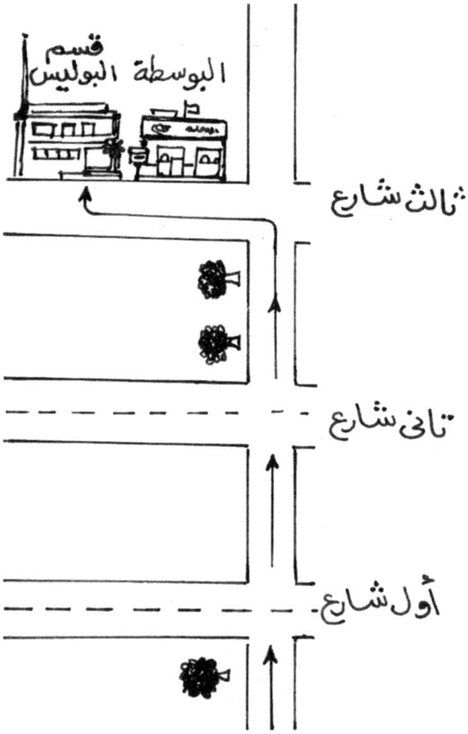

اسمع و قول فين البُوسْطة؟

مجدي	لو سمحتي فين البُوسْطة؟
ابتسام	امشي على طول في شارع زكي.
مجدي	على طول في شارع زكي.
ابتسام	أوّل شارع شمال لا .. تاني شارع شمال لا.. خُشّ في تالت شارع شمال.
	هناك آخر الشارع البُوسْطة على اليمين.
مجدي	تالت شارع شمال .. البُوسْطة على اليمين؟
ابتسام	أيوه بالظبط جنب قِسم البوليس.
مجدي	شكراً .. ألف شكر.
ابتسام	العفّو.

 ٢

لاحظ القواعد

(١) للسؤال عن الاتّجاهات و وصف الطريق

للسؤال عن المكان	وصف الطريق
١- فين الــ + بوسطة؟	Forward Walk ١- امشي على طول. خشّ يمين/ شمال.
٢- فين الــ + بوسطة؟	٢- آسف ماعرفش.

(٢) لا حظ الشكل

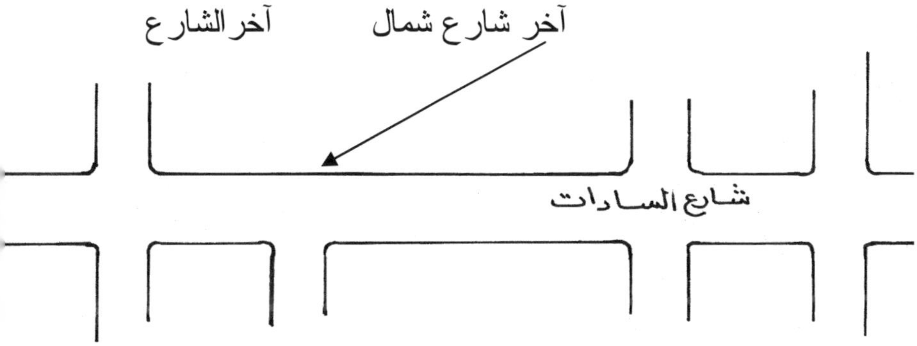

أوّل الشارع

(٣) إيه الفرق بين آخر شارع/ آخر الشارع؟

النطق

كرّر بعد المدرّس

امشي على طول.   خُشّ شِمال.   خُشّ يمين.

أوّل شارع.   تاني شارع.   آخِر الشارع.

التدريبات

تدريب (١- أ(١))

oven Fire station Pharmacy Museum Garden Church Mosque

كلمات مفيدة: مَسْرح/ جامع/ كِنِيسة/ جنِينة/ مطافي/ صيدليّة/ متحف/ فرن

اكتب الكلمة تحت الصورة.

مَطافي ــ مَتْحف ــ صَيْدليّة ــ قِسْم بوليس ــ فُرْن ــ جنِينــة ــ كِنِيــسَة ــ مَغْــسَلَة ــ جامِع ــ مَسْرح.

تدريب (١ - أ(٢))

كلمات مفيدة: محطّة قَطْر/ مَعْهَد

طــالب (أ) اسأل عن الاتّجاه و المكان و اكتب على الخريطة.

استعمل الحوار اللي فات في تقديم (١).

١- كنِيسَة ٢- جنِينة ٣- مَطَافي ٤- فُرْن ٥- مَسْرَح

طالب (ب) اسأل زميلك عن الأماكن دي.

١- جامِع ٢- صَيدليّة ٣- مَتْحف ٤- مَغْسَلَة ٥- بوليس ٦- محطِة قَطْر.

اسألوا بعض عن أماكن تانية موجودة فى الخريطة.

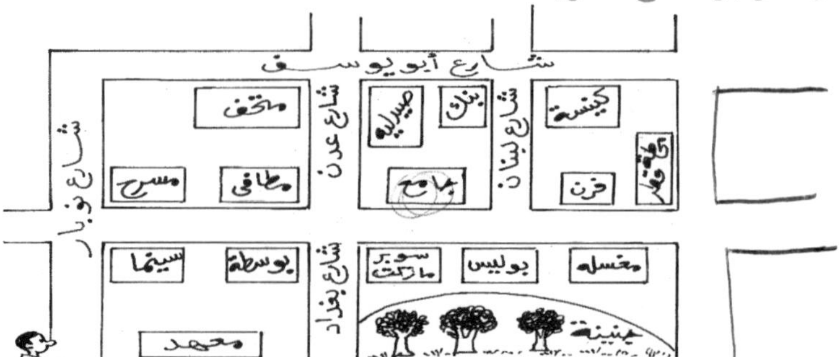

<u>تدريب (١ – ب)</u>

فين في *المعادي*؟

كلمات مفيدة: سيب/ بَعْد/ قَبْل

روز و *باهر* ساكنين في *المعادي*.

١– اسمع و حُطّ علامة صحّ على الشارع اللي تسمع اسمه.

٢– اسمع مرّة تانية *باهر* عايز أنهي مكان؟

٣– اسمع مرّة تانية و اوصف الطريق لزميلك.

٤– اختار مع زميلك أماكن بالتبادل و اوصفوا الطريق لبعض.

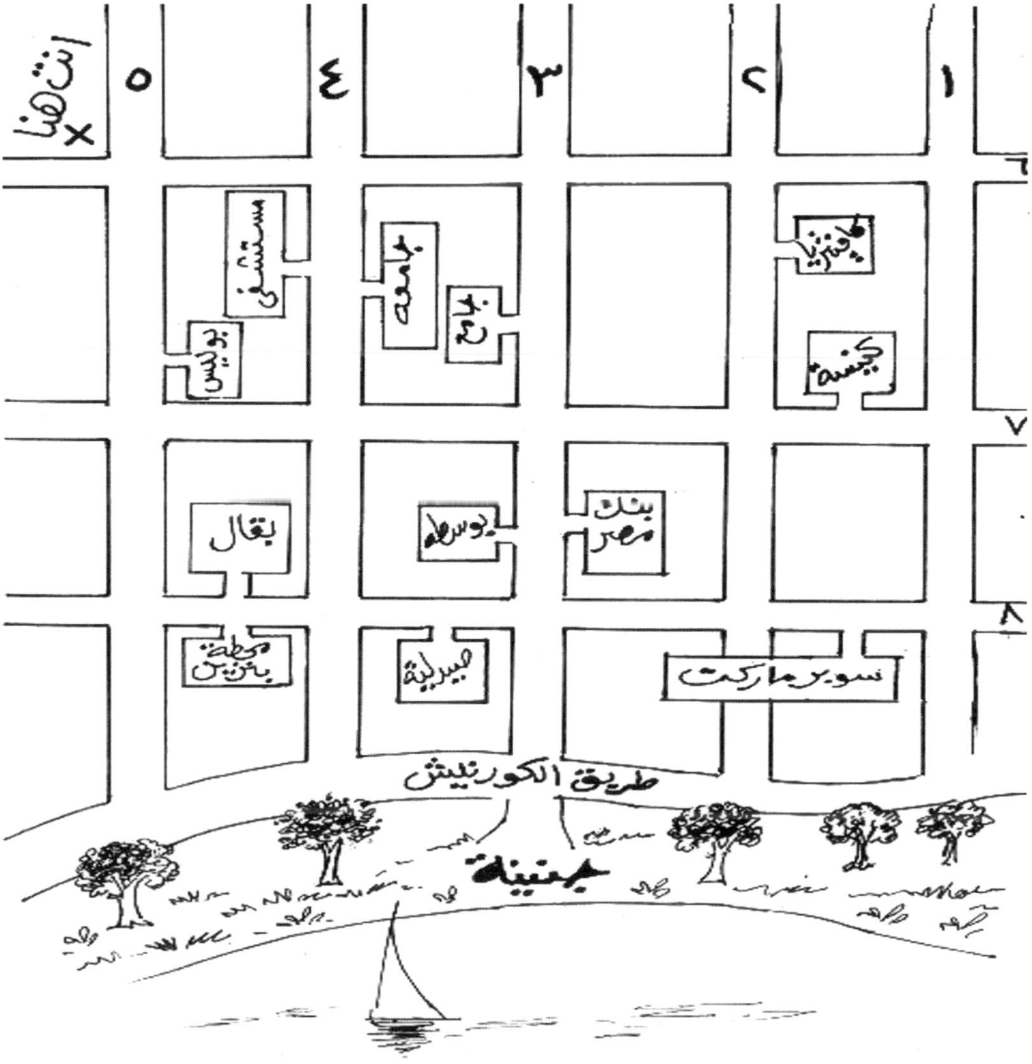

تدريب(١ - ج)

قُدّامك خريطة المدينة. طالب (أ) في محطة المترو و طالب (ب) في محطة الأتوبيس.

١- طـــالب (أ): اختار مكان في لسته ١ اسمع الوصف من طالب (ب) و اكتب اســم المكان جنب رقم المبنى.

٢- طالب (ب): اوصف لطالب (أ) المكان.

مثال:

طـــالب (أ): فين البوسطة؟

طالب (ب): امشي فى شارع *المغرب*. وبعدين خشّ فى شارع *ســوريا*. أوّل شارع شمال لا.تانى شارع شمال لا. تالت شارع شمال شـــارع *الجزائر*. خشّ شمال. تانى مبنى على الشمال.

طـــالب (أ): آه .. البوسطة مبنى ٣.

٣- طالب (ب): اختار مكان من جدولك. اسأل طالب أ عن وصف المكان و اكتب اسم المكان جنب الرقم.

٤- اختار أماكن تانية من عندك لباقي الأرقام و كرروا النشاط بالتبادل.

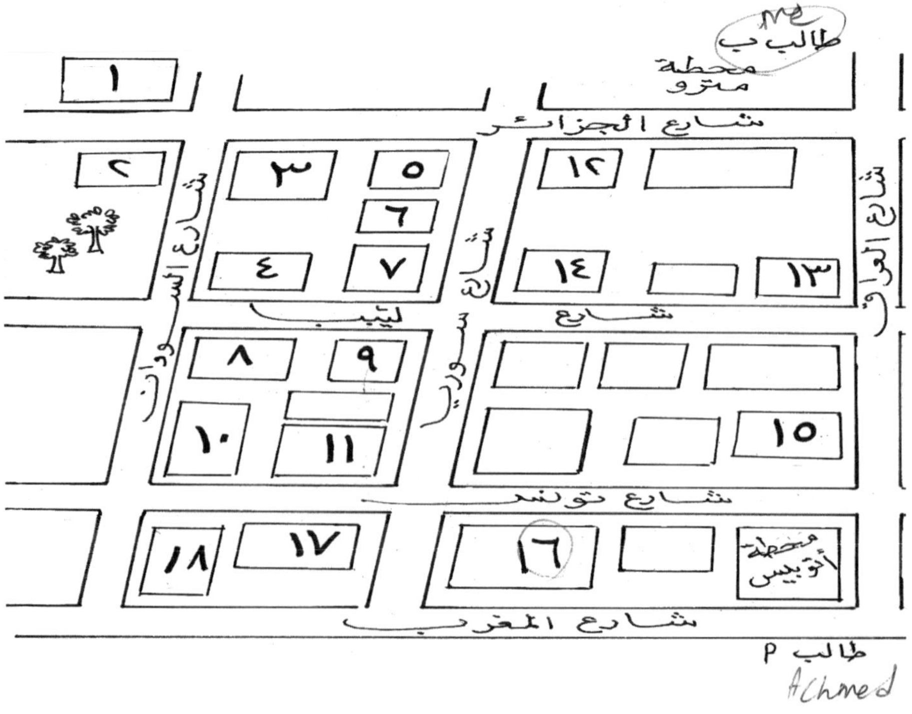

الرقم	طالب (ب) أسماء المبانى	الرقم	طالب (أ) أسماء المبانى
	الجامعة ١٦		البوسطة ١١
	بنك باركليز ١٧		سيتى بنك ١٢
	سوبر ماركت ١٨		المكتبة ١٣
	المدرسة ١٩		السينما ١٤
	الجامع ٢٠		المسرح ١٥

٣

نصّ الاستماع لتدريب (١ – ب)

روز	أهلاً يا باهر إزيك؟ كويّس؟
باهر	الحمد لله كويّس .. روز .. فين بنك مصر؟
روز	بنك مصر إم .. امشي فى شارع ٦ على طول .. أوّل شارع يمين لأ .. تانى شارع يمين لأ .. تالث شارع يمين هوّ شارع ٣.
باهر	تالث شارع يمين شارع ٣. آه صحّ .. هه .. و بعدين؟
روز	خشّ فى شارع ٣ يمين و امشي على طول .. بعد شارع ٧ .. هناك البنك على الشمال.
باهر	بعد شارع ٧ البنك على الشمال .. مظبوط؟
روز	أيوه بالطبط كده.
باهر	شكراً يا روز .. ألف شكر.

القراءة و الكتابة

الهمزة

في أوّل الكلمة	فى نصّ الكلمة	الهمزة فى آخر الكلمة
أَ أحمد	سأل	بدأ أ
إ إلهام	أسئلة	بطىء ىء
أ أ ستاذ	سؤال	تباطؤ ؤ
آ آخر		بدء ء
		ضوء وء
		هناء اء

تدريب (١)

٤

اسمع الكلمة و اكتب الهمزة.

ـــ سد	ـــ خر	ســـ ل	ـــ من
فـــ اد	ـــ برة	وا ـــ ل	بط ـــ
س ـــ ال	وفا ـــ	بد ـــ	ـــ ستاذ
شيما ـــ	ضو ـــ	الجزا ـــ ر	ـــ حمد
أســـ لة	نشـــ	هنا ـــ	استـــ ذن

الحلّ:

أسد/ آخر/ سأل/ آمن/ فؤاد/ إبرة/ وائل/ بطئ/ سؤال/ وفاء/ بدء

أستاذ/ شيماء/ ضوء/ الجزائر/ أحمد/ أسئلة/ نشأ/ هناء/ استأذن

تدريب (٢)

اقرا و اكتب الهمزة.

١- انا اسمي امير من الجزا...ر.

٢- هوّ اسمه احمد هو من زا...ير.

٣- انا ساكن فى امبابة. انا اسمى وا...ل.

٤- استاذ اسلام ساكن فى اسيوط.

٥- عندي سُؤال فى آخر الفصل.

مراجعة على أصوات الحروف

تدريب (٣)

٥

(أ) اسمع و اكتب الحرف الناقص: (ذ/ ز/ ظ).

١- ــ قن ٢- ــ ر ٣- ــ يل ٤- غــ ــ ال

٥- حــ ــ اء ٦- ــ هرة ٧- ــ رف ٨- واعــ. ــ

٩- ــ ئب ١٠- ــ هر ١١- مو ــ ١٢- ــ راف

Back Giraffe

الحلّ:

ذقن/ زر/ ذيل/ غزال/ حذاء/ زهرة/ ظرف/ واعظ/ ذئب/ ظهر/ موز/ زراف.

٦

(ب) اسمع و اكتب الحرف الناقص: (ق/ ك).

١- ......ورة ٢- .....رد ٣- ......لب

٤- ......لم ٥- صندو.... ٦- ديــ......

٧- ....لب ٨- ....طّة ٩- ....تاب

الحلّ:

كورة/ قرد/ كلب/ قلم/ صندوق/ ديك/ قلب/ قطّة/ كتاب.

تدريب (٤)

كتابة موجّهة (السكن و الشوارع)

١- أنا .... في *المهندسين*.

٢- *أحمد* .... في ....

٣- *ماجدة* ساكنة.............

٤- *أمال* .... في .... *سوريا*.

تقديم (٢)
في الفندق

(١) اكتب النمرة الصّح على صورة المكان.

١- استِقْبَال　　٢- بزنس سنتر　　٣- كُشْك جرايد　　٤- مَطْعَم

٥- حمّام سِبَاحَة　　٦- مَغْسَلَة　　٧- نادى صحى　　٨- كافيتريا

(٢) اسمع و اكتب قدّام الجملة (√) أو (x). ٧

١- فيه كُشْك جَرايد فى الدور الأوّل. (　　)

٢- فيه حمّام سِبَاحة فى الدور التانى. (　　)

٣- الفُندُق مافيهوش مَغْسَلَة. (　　)

٤- فيه بزنس سنتر فى الدور التانى. (　　)

٥- فيه نادي صحّى فى الدور التالت. (　　)

٦- الكافيتريا مافيهاش تليفزيون. (　　)

٧- ما فيش مَطْعم فى الدور الثانى. (　　)

٨- فيه حمّام سِبَاحة فى الدور التالت.✓ (　　)

(٣) بصّ للصورة و اسأل عن المكان و كرّر الحوار ده. ٨

سمير	لو سمحت فيه نادي صحّي هنا؟
موّظف	أيوه يافندم فيه نادي صحّي.
سمير	فين؟
موّظف	في الدور التالت جنب حمّام السِبَاحة.

لاحظ القواعد

للسؤال عن الأماكن و الحاجات ٩

طريقة (١): (فيه) في أوّل الكلام للسؤال عن الأماكن و الحاجات

السؤال		إيجاب	نفي
للمذكرّ	فيه مطعم هنا؟	أيوه فيه.	لا مافيش.
للمؤنّث	فيه كافيتريا هنا؟	أيوه فيه.	لا مافيش.

طريقة (٢): (فيه) بعد الاسم للسؤال عن الأماكن و الحاجات

المذكرّ	الفندق فيه حمّام سباحة؟	أيوه فيه.	لا مافيهوش.
المؤنّث	الكافيتريا فيها تليفزيون	أيوه فيها.	لا مافيهاش.

النطق

اسمع من المدرّس و كرّر.

١- فيه حمّام سباحة في الفندق؟

٢- الفندق فيه مغسلة.

٣- الفندق مافيهوش مغسلة.

٤- الكافيتريا فيها تليفزيون.

٥- الكافيتريا مافيهاش تليفزيون.

التدريبات

تدريب (٢ - أ(١))

كلمات مفيدة: أكْل/ سُخْن

اكتب: فيه/ مافيش/ فيها/ مافيهاش/ فيه/ مافيهوش.

(١) أ- لو سمحت.. فيه مطعم هنا؟

ب- أيوه ....مطعم جنب الصيدليّة على اليمين.

(٢) أ- لو سمحت.. المعهد فيه بيزنس سنتر؟

ب- لا ....

(٣) أ- لو سمحتي.. الكافيتريا فيها أكْل سُخْن؟

ب- أيوه طبعاً .... أكْل سُخْن.. و بارد كمان.

(٤) أ- الفصل فيه كمبيوتر؟

ب- لا آسف الفصل.......... كمبيوتر.

(٥) أ- المكتبة فيها تليفزيون؟

ب- لا المكتبة .... تليفزيون.

تدريب (٢- أ (٢))

١- طـــالب (أ): اسأل زميلك فيه نادي صحّي في *فندق السلام*؟ و فين؟

طالب (ب): جاوب. أيوه فيه نّادي صحّي. في تاني دور على الشمال جنب الكافيتريا.

أو..لا مافيش.

٢- طـــالب (أ) اسأل زميلك *فندق السلام* فيه مكتبة؟

طالب (ب): جاوب. لا الفندق مافيهوش مكتبة.

صورة طالب (ب)

٣- طالب (ب) اسأل زميلك طالب (أ) فيه نادي صحّي في *فندق الملكة*؟ و فين؟

طـــالب (أ): جاوب. أيوه فيه نّادي صحّي في تاني دور جنب الكافيتريا.

٤- طالب (ب): اسأل زميلك طالب (أ) *فندق الملكة* فيه مكتبة؟

طـــالب (أ): جاوب. لا الفندق مافيهوش مكتبة.

اسألوا عن حاجات تانية في الفندق.

صورة طالب (أ)

تدريب (٢ - ب(١))

١- كرّر الحوار في تقديم (٢) و اسأل عن مكان كلّ صورة في الفندق.

٢- اكتب اسم المكان في الفندق تحت كلّ صورة.

__________ __________ __________

__________ __________ __________

تدريب (٢ - ب(٢))

كلمات مفيدة: ممرّ/ صالة بلياردو

١- اسمع الحوارات و اكتب نمرة الحوار جنب الصورة في تدريب (٢ - ب(١)).
٢- مثّل باقي الحوارات مع زميلك.

تدريب (٢- ب(٣))

كمّل الحوار.

(١) أ- لو سمحت فيه حمّام سباحة هنا؟

ب- أيوه .... هنا.

أ- فين؟ 4th floor

ب- فوق في رابع .... يمين المغْسَلة.

(٢) أ- ....

ب- لا مافيش مغسلة هنا. المغْسَلة في .... دور جنب حمّام السباحة.

(٣) أ- لو سمحت فيه مطعم هنا؟ Reception

ب- ....جنب الاستقبال على الشمال.

(٤) أ- لو سمحت فيه سجاير في كشك الجرايد؟

ب- لا ....

(٥) أ- لو سمحت الكافيتريا فيها تليفزيون؟

ب- لا ....

كرّر الحوارات مع زميلك و اعكس الأدوار و كرّر النشاط.

تدريب (٢ - ج)

تمثيل

كلمات مفيدة: هدايا/ مُجَوْهرات/ مَلْعَب تنس/ مكْتب سياحة/ صالة حَفَلات/ تراس مَفْتوح

Terrace Ballroom Tourist office

طـــالب (أ) موّظف استقبال في فندق.

طالب (ب) زبون يسأل عن خدمات الفندق.

اسأل عن الخدمة و مكانـها.

١- نّادي صحّي ٢- حمّام سباحة بارد/ سخن ٣- مطعم صيني

٤- ديسكو ٥- كازينو ٦- مطعم فرنساوي

٧- قهوة و شيشة ٨- محلّ هدايا ٩- محلّ مُجوهرات

١٠- محلّ حاجات *خان الخليلي* ١١- مكتب سياحة للرحلات

١٢- ملعب تنس ١٣- بيزنس سنتر ١٤- صالة حفلات

١٥- تراس مفتوح

نصّ الاستماع لتدريب (٢ - ب(٢))

١١

حوار (١): أ- لو سمحت اللوكاندة دي فيها مغْسَلة؟

ب- لا و الله آسف .. اللوكاندة دي مافيهاش مغْسَلة.

١٢

حوار (٢): أ- أيوه يافندم أي خدمة؟

ب- لو سمحتي فيه مطعم هنا؟ و فين؟

أ- آه فيه مطعم .. امشي على طول .. في آخر الممرّ علـــى اليمـــين .. جنب النّادي الصحّي.

١٣

حوار (٣): أ- فين كشك الجرايد لو سمحت؟ فيه كشك جرايد هنا؟

ب- آه فيه كشك جرايد هنا .. هناك على الشمال جنب صالة البلياردو.

١٤

حوار (٤): أ- لو سمحتي فيه بيزنس سنتر هنا؟

ب- آه فيه بيزنس سنتر فوق في تالت دور .. جنب حمّام السباحة.

القراءة و الكتابة

اقرا و كرّر ورا المدرّس.

اللام الشمسيّة و القمريّة			
١٥ اللام القمريّة	١٦	١٧ اللام الشمسية	١٨
١- الأردن	٨- الفيوم	١- التحرير	٨- الشّارقة
٢- البرازيل	٩- القاهرة	٢- الثّانية	٩- الصّومال
٣- الجزائر	١٠- الكويت	٣- الدّوحة	١٠- الضّاهر
٤- الحسين	١١- المجر	٤- الذّهب	١١- الطور
٥- الخرطوم	١٢- الهند	٥- الرّياض	١٢- الظّهران
٦- العين	١٣- الواحات	٦- الزّمالك	١٣- النّمسا
٧- الغردقة	١٤- اليمن	٧- السّودان	

التدريبات

تدريب (١)

اسمع المدرّس و قول أنهي اللام الشمسيّة و القمريّة.

العباسيّة ــ الأهرامات ــ الجيزة ــ المهندسين ــ الزّمالك ــ التحرير ــ الجامعة ــ الإسعاف ــ مصر الجديدة ــ القاهرة ــ السعوديّة ــ الأردن ــ الضاهر ــ الكويت.

اللام القمريّة: ....

اللام الشمسيّة: ....

تدريب (٢)

اقرا و قول أنهي اللام الشمسيّة و اللام القمريّة.

- أنا اسمي *وليد*.. أنا ساكن في *المطريّة*. أنا من *القاهرة*..
  لكن بابا من *المنيا* و ماما من *الشرقيّة*.
- أنا اسمي مها.. أنا ساكنة في *الزّمالك* في *القاهرة*.
  بابا من *الدقهليّة* و ماما من *الغردقة*.. لكن ساكنين في *الأقصر* دلوقتي.

تدريب (٣)

اكتب جملتين عن نفسك زيّ الجُمل اللي فاتت.

١- أنا ساكن في .... لكن أنا من ....

٢- ماما من .... و بابا من .... و ساكنين في ....

تدريب (٤)

اكتب الـ مع الكلمة و انطق الكلمة صحّ.

١- مطعم ـ كافيتريا ـ نادي ـ حمّام ـ قهوة ـ كُشْك.

٢- عربيّة ـ قلم ـ كرّاسة ـ برّاية ـ شبّاك ـ ورَق.

٣- زِيت ـ بِيض ـ عِيش ـ إزازة ـ دِقيق ـ صَنْدوق ـ تُفّاح.

افتكــــــر Remember

(١) للسؤال عن الاتجاهات و وصف السكّة

السؤال	الجواب
فين الـ	١- امشي على طول... ٢- خشّ يمين/ شمال... ٣- هناك الـ ... جنب ... ٤- آسف ماعرفش.

(٢) للسؤال عن الأماكن أو الحاجات: ١- فيه في أوّل السؤال

	السؤال	الجواب	
المذكرّ	فيه نادي صحّي هنا؟	أيوه **فيه.**	**لا مافيش.**
المؤنّث	فيه مغسلة هنا؟	أيوه **فيه.**	**لا مافيش.**

(٣) للسؤال عن الأماكن و الحاجات: ٢- فيه بعد الاسم

	السؤال	الجواب	
المذكرّ	الفندق **فيه** نّادي صحّي؟	أيوه **فيه.**	**لا مافيهوش.**
المؤنّث	الكافيتريا **فيها** شيشة؟	أيوه **فيها.**	**لا مافيهاش.**

الوحدة السادسة

Unit 6

Presentation 1 Page 124 صفحة ١٢٤

Feen Elbosta (Where is the post office?)

Listen and say where the post office is ١

Magdi	law samahti, feen Elbosta?
Ēbtisam	ēmshi ɛala tool fi shareɛ Zaki.
Magdi	ɛala tool fi shareɛ Zaki.
Ēbtisam	āwel shareɛ shimal lā .. tani shareɛ shimal lā .. khosh fi talit shareɛ shimal, hinak ākhir esh-shareɛ elbosta ɛala alyimiin.
Magdi	talit shareɛ shimal, ēlbosta ɛala alyimiin?
Ēbtisam	āywa bizzabt ganb qism elboliis.
Magdi	shukran. ālf shukr.
Ēbtisam	ēlɛafw.

Et-tadriibat

Tadriib (ب - 1)

Feen fi Ēlmaعadi? (Where in Ēl Maعady?)

Listen and put √ on the right street.

٣

Page 129 **صفحة ١٢٩**

Rose	āhlan ya bahir ēzzayyak kwayyis?
Bahir	ēlhamdu lillah, kwayyis .. Rose .. feen bank Masr?
Rose	Bank Masr .. emm .. ēmshi fi shareع sitta عala tool, awel shareع yimiin lā, tani shareع yimiin lā, talit shareع yimiin howa shareع talata.
Bahir	talit shareع yimiin shareع talata. āh .. sah, ha .. we baعdeen?
Rose	khuosh fi share عtalata yimiin, we ēmshi عala tool shareع sabعa, hinak ēlbank عala ash-shimal
Bahir	Baعd shareع sabعa, el-bank عala el-shemal. Mazbout?
Rose	Aiwa bilzabt kedda.
Bahir	Shukran ya Rose. Alf shukr

الوحدة السابعة

محتويات الموضوعات في الوحدة السابعة

- **تقديم (١)**: الكلام عن أفعال الحياة اليوميّة و العادات.
- **تقديم (٢)**: الكلام عن اختلاف العـادات و البَـرامِج اليوميّـة و نفـي الأفعـال و العادات.

فهرس الكلمات الجديدة في وحدة ٧

تقديم (١):

باخُد دُش ـ بارُوح ـ باصْحَى ـ بارْكَب الأتوبيس ـ بانْزِل مـن البيـت ـ باشْرب ـ باوْصَل ـ بادْخُل ـ باجيب ـ بارْجَع ـ بانام ـ بيذَاكر ـ بتْقَابل أصحابها ـ بتِلْعَب رياضة ـ بتِشْتَغَل ـ مَشْغولة ـ بيفْطـر ـ بيتْعَـشّى ـ بيتْغَدّى مِتْأخّر ـ بَدْري.

تقديم (٢):

الحَدّ ـ الإتنين ـ التَلات ـ الأربَع ـ الخَميس ـ الجُمْعَة ـ السَبْت ـ بتِطْبُخ ـ بتِقْعُد في البيت ـ أجازة ـ الشاطِئ ـ البَحْر ـ عِيلة ـ أُخْت ـ بياكـل ـ بيعوم - بيحلّق ـ أجازة آخِر الأسبوع ـ رِحْلة.

تقديم (١)

أنا باصْحَى بدري قوي

(١) اسمع و اكتب نمرة الجملة قدّام الصورة.

١

١- باخُد دُشّ السّاعة ٥,٣٠.

٢- باروح الجامعة السّاعة ٧.

٣- باصْحى بدري السّاعة ٥ الصُبح.

٤- بارْكَب الأتوبيس السّاعة ٦,١٥.

٥- باخْرُج من البيت السّاعة ٦.

٦- باشْرَب قهوة السّاعة ٥,٤٥.

٧- باجيب أكْل و بارْجَع البيت السّاعة ٨ بالليل.

٨- بانام السّاعة ٩.

بُصّ للصورة و اسمع الحوار.

(٢) سِهام بتعمل إيه كلّ يوم؟ هيّ مبسوطة؟ ليه؟

٢

ألبير	إيه يا *سِهام* إنتي تعبانة قوي كده ليه؟
سِهام	عشان باصْحى بدري قوي كلّ يوم.
ألبير	ليه بتصْحِي بدري كلّ يوم.. بتعملي إيه كلّ يوم؟
سِهام	باصْحى السّاعة ٥ الصُبح و باخُد دُشّ السّاعة ٥,٣٠ و باشْرب قهوة السّاعة ٥,٤٥.
ألبير	ياه.. بتِصْحِي بدري قوي كده! السّاعة ٥ الصُبح!! و بعدين؟
سِهام	باخْرُج من البيت و بارْكَب الأتوبيس السّاعة ٦,١٥ و باروح الجامعة.
ألبير	و بتِرْجَعي البيت إمتى؟
سِهام	باجيب أكْل الأوّل.. و بعدين بارْجَع البيت السّاعة ٨ و بانام السّاعة ٩.

لاحظ القواعد

(١) التصريف

	أنا	إنت	إنتي	هوّ	هيّ	الفعل
٣	باشْرَب	بتِشرَب	بتِشرَبي	بيِشرَب	بتِشرَب	يشرَب
٤	بَانزِل	بتِنْزِل	بتِنْزِلي	بيِنْزِل	بتِنْزِل	ينْزِل
٥	بادْخُل	بتِدْخُل	بتِدْخُلي	بيِدْخُل	بتِدْخُل	يِدْخُل
٦	بَارُوح	بتْرُوح	بتْرُوحي	بيْرُوح	بتْرُوح	يرُوح
٧	بَانَام	بتْنَام	بتْنَامي	بيْنَام	بتْنَام	يِنَام
٨	باجيب	بتْجيب	بتْجيبي	بيْجيب	بتْجيب	يجيب
٩	باصْحَى	بتِصْحَى	بتِصْحي	بيِصْحَى	بتِصْحَى	يِصْحَى
١٠	باوْصَـل	بتوْصَـل	بتوْصَـلي	بيوْصَـل	بتوْصَـل	يوْصَـل
١١	باخُدْ	بتاخُدْ	بتَاخْدي	بيَاخُدْ	بتَاخُدْ	يَاخُدْ

الفعل المضارع/ المضارع المستمرّ في العاميّة ← (دلوقتي)

كلّ يوم/ أو عادة = ب + فعل مضارع.

(٢) لاحظ حروف الزيادة.

الضمير	الفعل شرب	حروف الزيادة
أنَا	بَاشْرَب	ب + ا ....
إنْت	بتِشْرَب	ب + ت ....
إنْتي	بتِشْرَبي	ب + ت ....ي
هيّ	بتِشْرَب	ب + ت ....
هُوّ	بيِشْرَب	ب + ي ....

النطق

كرّر بعد المدرّس.

بيِصْحَى ـ بيْنَام ـ بتِشْرَبي ـ بيِرْكَب ـ بتِدْخُل ـ بَانام ـ بيِرْجَع ـ بتْذَاكْري ـ بيِنْزِل.

<u>التدريبات</u>

تدريب (١ - أ(١))

كلمة مفيدة: يذاكر

اكتب تصريف الفعل مع الضمير.

أنا	---اكتب	----بانام	----باشرب قهوة
إنت	---تكتب	----بتنام	----بتشرب قهوة
إنتي	---تكتبي	----بتنامي	----بتشربي قهوة
هوّ	---بيكتب	----بينام	----
هيّ	---تكتب	----بتنام	----

تدريب (١ - أ(٢))

اكتب الضمير المناسب قدّام الفعل.

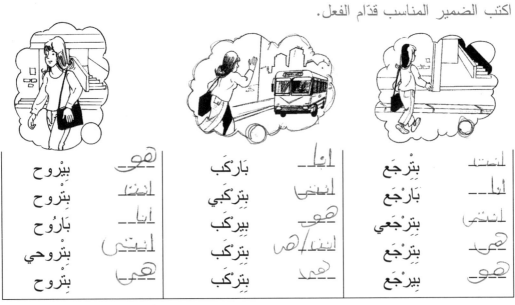

انت	بِتِرْجَع	انا	بَارْكَب	هو	بِيْروح
انا	بَارْجَع	انتي	بِتِرْكَبي	انت	بِتْروح
انتي	بِتِرْجَعي	هو	بِيِرْكَب	انا	بَارُوح
هي	بِتِرْجَع	انت/هي	بِتِرْكَب	انتي	بِتْروحي
هو	بِيِرْجَع	هي	بِتِرْكَب	هي	بِتْروح

تدريب (١ – ب)

شيرين بتعمل إيه كلّ يوم؟

كلمات مفيدة: بِتْقَابِل أصحابها/ بِتِلْعب رياضة/ بتِشْتغَل/ مَشْغولة

She's busy She works She plays sports Meet her friends

١- بصّ للصور و جاوب: شيرين بتعمل إيه؟ بتعمل الحاجات دي إمتى؟

٢- اسأل زميلك سؤال زيّ كده: شيرين بتركب الأتوبيس السّاعة كام؟

٣- اسمع و رتّب الصور حسب الاستماع.

٤- اسمع مرّة تانية و اكتب الوقت فوق كلّ صورة.

٥- بصّ للصور مرّة تانية و اتكلّم عن عاداتك و عن نفسك و بتعمل الحاجات دي إمتى؟

اعكسوا الأدوار و كرّروا النشاط.

تدريب (١ – ج (١))

كلمات مفيدة: بيفْطَر/ بيتْعَشّى

(١) بصّ للمعلومات في جدول طالب (أ) اسأل زميلك/ زميلتك عن المعلومات الناقصة.

طالب أ						
هُدَى	٦,٣٠ الصُبْح	ـــــ	٧,٤٥ الصُبْح	ـــــ	٧ بالليل	ـــــ
نانسي	ـــــ	٥,٣٠ بعد الضُهر	ـــــ	٥,١٥ الصُبْح	ـــــ	١٠ الصُبْح

(٢) اسأل زميلك معلومات تانية عن هُدَى.

١– هُدَى بتاخُدْ دُشّ إمتى؟ ٢– هُدَى بتِرْكَب الأتوبيس إمتى؟

٣– هُدَى بتِلْعَب رياضة إمتى؟

(٣) بُصّ للمعلومات في جدول طالب (ب) اسأل زميلك عن المعلومات الناقصة.

طالب ب						
هُدَى	ـــــ	٧ الصُبْح	ـــــ	٦,٣٠ بعد الضُهر	ـــــ	١٠,٣٠ بالليل
نانسي	٥ بعد الضُهر	ـــــ	٦ بعد الضُهر	ـــــ	٦,٣٠ الصُبْح	ـــــ

(٤) اسأل زميلك عن معلومات أكتر عن نانسي:

١– نانسي بتاخُدْ دُشّ إمتى؟ ٢– بتِرْكَب الأتوبيس إمتى؟

٣– بتِلْعَب رياضة إمتى؟

تدريب (١ - ج (٢))

كلمات مفيدة: بيِتْغَدّى/ مِتْأخّر/ بَدْري

اسأل زمايلك في الفصل.

اسم الطالب								
طالب (١)					بتتعشّى	بتقابل صحبتك	بتجري إمتى؟	بتنام إمتى؟
طالب (٢)								
طالب (٣)								
طالب (٤)								
طالب (٥)								
طالب (٦)								

(١) مثال للسؤال: بتِصْحَى إمتى؟

(٢) اسأل زميلك عن باقي الطلبة و قارن الإجابات.
و جاوب عن الأسئلة: ١- مين أكتر واحد في الفصل بيصْحَى بدري؟ و مين بيتأخّر؟
٢- مين أكتر واحد بينام بدري؟ و مين بيتأخّر؟

نصّ الاستماع لتدريب (١ - ب): ١٢

علي	إزيك يا شيرين عاملة إيه؟
شيرين	الحمد لله .. مشْغُولة قوي.
علي	مشْغُولة قوي ليه؟ بتعملي إيه كُلّ يوم؟
شيرين	كُلّ يوم باصْحَى بدري السّاعة ٥,٣٠ .. باخُدْ دُشّ .. و باشرب القهوة حوالي السّاعة ٦,٣٠.
علي	و بتروحي الشغل إمتى؟
شيرين	بارَوح الشغل السّاعة ٧,٣٠ الصُبح.. باشتغل لغاية السّاعة ٥ بعد الضهر.
علي	و بعدين بترجعي البيت؟
شيرين	لا باروح النادي السّاعة ٦ و بالعب رياضة لغاية السّاعة ٧ بالليل .. و بعدين باقابل صاحبتي السّاعة ٨ بالليل.

القراءة و الكتابة

فاطمة بتحكي لصاحبتها عن برنامج كلّ يوم. اقرا بتعمل إيه؟
أنا ...... السّاعة ٦,٣٠ الصُبح و...... و بعدين...... من البيت
السّاعة ٧,٣٠. .... عربيّتي و......... الشغل السّاعة ٨.
.... لغاية السّاعة ٥ و بعدين .... البيت ....
و....... أصحابي السّاعة ٧,٣٠ بالليل و...... السّاعة ١١ بالليل.

١- اكتب المعلومات الناقصة من عندك.

٢- اكتب ٥ جمل عن عاداتك الشخصيّة.

تقديم (٢)

مشغول طول الأسبوع

١٣

(١) ادرس الكلمات.

الحدّ	الاتنين	التلات	الأربع	الخميس	الجمعة	السبت
١	٢	٣	٤	٥	٦	٧
٨	٩	١٠	١١	١٢	١٣	١٤
١٥	١٦	١٧	١٨	١٩	٢٠	٢١

(٢) *هاني* بيعمل إيه طول الأسبوع بعد الضهر؟ كرّر بعد المدرّس.

١٤

اِلحَدّ

بيِلّعَب تنس

اِلاتْنِين

بيْرُوح المكتبة

اِلتَلات

بيتْغدّى مع مراته برّه

الأَرْبَع

بيِلعَب كورة مع أصحابه

اِلخَمِيس

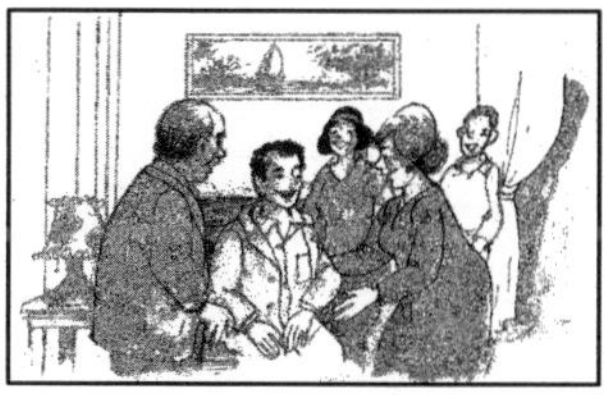

بيْزُور العيلة

اِلجُمْعَة

بيِلعَب في النادي

اِلسَبْت

بيْرُوح السينما مع مراته

(٣) اسمع و كرّر بعد المُدرّس.

١٥

هالة مرَات هاني بتعمل إيه طول الأسبوع بعد الضُهر؟

الحَدّ

بتقابل صاحبتها

الاتْنين

بتِقعُد في البيت

التَلات

بتتغدّى مع *هاني* برّه

الأَرْبَع

بتِزُور مامتها

الخَميس

بتلعب تنس

الجُمْعَة

بتِطْبُخ أكل الأسبوع

السَبْت

بتِرُوح السينما مع *هانـي*

(٤) بُصّ لصور برنامج *هانـي* و جاوب: *هالة* بتِلْعَب تنس يوم الحَدّ؟

إجابة: لا. *هالة* مابْتِلْعَبْش تنس يوم الحدّ.

هيّ بِتْقَابِل صاحبتها يوم الحَدّ.

(٥) اسأل زميلك عن باقي الصور.

لاحظ القواعد

١٦

(١) لنفي الفعل المضارع

السؤال	الإجابة
إنت بتلعَب تنس يوم الحَدّ؟	للنفي: لا مابَالْعَبْش تنس يوم الحَدّ.
للإثبات	**النفي**
أيوه بَالْعَب تنس يوم الحَدّ. ب + الفعل المضارع	لا. ما + ب + الفعل المضارع + ش

١٧

(٢) التصريف لنفي الفعل المضارع المستمرّ

أنا	إنت	إنتي	هوّ	هيّ
مابَالْعَبْش	مابْتِلْعَبْش	مَابْتِلْعَبِيش	مَابِيِلْعَبْش	مابْتِلْعَبْش
مابَاكْتِبْش	مَابْتِكْتِبْش	مَابْتِكْتِبِيش	مَابِيِكْتِبْش	مَابْتِكْتِبْش
مابَاصْحَاش	مَابْتِصْحَاش	مَابْتِصْحِيش	مَابِيِصْحَاش	مَابْتِصْحَاش
مابَانَامْش	مَابِتْنَامْش	مَابِتْنَامِيش	مَابِيْنَامْش	مَابِتْنَامْش

النطق

اسمع و كرّر بعد المدرّس.

مَابْتِكْتِبِيش ـ مابَانَامْش ـ مَابِيِصْحَاش ـ مابَالْعَبْش.

مَابِتْنَامِيش ـ مَابْتِكْتِبْش ـ مَابْتِصْحِيش ـ مَابِيْنَامْش.

التدريبات

تدريب (٢ - أ(١))

اكتب نفي الفعل (يفطر)		وصّل الضمير بالفعل المناسب	
مابافطرش	أنا	ماباصحاش	إنت
مابتفطرش	إنت	مابيصحاش	هيّ
مابتفطريش	إنتي	مابتصحاش	أنا
مابيفطرش	هوّ	مابتصحيش	هوّ
مابتفطرش	هيّ	مابتصحاش	إنتي

تدريب (٢ - أ(٢))

كلمات مفيدة: بيزور/ بدري/ دايماً

اكتب نفي الفعل.

١- هوّ ...بيبنام... متأخّر أبداً، لكن دايماً بينام بدري. (بينام)

٢- أنا .... الشغل يوم السبت. (يروح)

٣- هيّ كلّ يوم حَدّ بتركب تاكسي، لكن ..بيركب.. الأتوبيس أبداً. (يركب)

٤- إنت .... يوم الخميس ليه؟ (يذاكر)

٥- إنتي ..بيزوري.. مامتكِ ليه يوم الجمعة؟ (يزور)

اسمع و صحّح مع زميلك.

مابيبنامش

مابيروحش

مابيركبش

مابيذاكرش

مابيزورش

تدريب (٢ - ب(١))

كلمة مفيدة: أجازة

اسمع بَسْمة بتعمل إيه في الأجازة كلّ يوم جمعة و سبت.

(١) حُطّ علامة صحّ على الفعل اللي تسمعه. و اكتب الفعل تحت الصورة.

(٢) قول جملة عن كلّ صورة زيّ المثال:

يوم الجمعة *بَسْمة* ما (يفطر) ش السّاعة .... و لكن (يفطر) السّاعة ....

(٣) اتكلّم عن أجازتك مع زميلك و استعمل نفس الجملة اللي فاتت.

تدريب (٢- ب (٢))

على الشط

كلمات مفيدة: البحْر/ العِين السُخْنَة/ الشط/ عِيلة/ أُخْت/ بياكُل/ بيْعُوم

نيڤين بتروح فين في الأجازة مع عيلتها؟

(١) اسمع و جاوب.

١- فين *نيڤين* في الصورة. اكتب اسمها على الصورة.

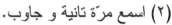

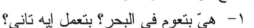

(٢) اسمع مرّة تانية و جاوب.

١- هيّ بتعوم في البحر؟ بتعمل إيه تاني؟

٢- *نهاد* أختها بتعوم في البحْر؟ بتعمل إيه تاني؟

(٣) بُصّ للصورة و جاوب الأسئلة دي:

١- بابا *نيڤين* بيعمل إيه؟

٢- مامة *نيڤين* بتقرا؟ بتعمل إيه؟

(٤) اسأل زميلك بالتبادل عن عيلة *نيڤين* و صحّح إجابتك.

(٥) اسأل زميلك بيعمل إيه مع العيلة في الأجازة؟ و بيعمل إيه مع الأصحاب؟ استعمل الأفعال اللي فاتت.

(٦) اتكلّم عن نفسك بتعمل إيه و مابتعملش إيه في الأجازة.

كلمة مفيدة: يِحْلَق

تدريب (٢ - ج(١))

بصّ للصور و اسأل زميلك عن الصورة. استعمل الكلمات المساعدة.

مثال:

طــالب (أ) *نِهال* بتلعب تنس دلوقتي؟

طالب (ب) لأ *نِهال* مابتلعبش تنس دلوقتي.. هيّ بتتغدّى. (نِهال ـــ يلعب).

نهال (يلعب)

سَعيد (يقرا)

مَريم (بتطبخ)

سَمير (ينام)

بُطْرُس (يلعب تنس)

مُصطفى (يذاكر)

رَؤوف (ياخُدْ دُشّ)

مايْسَة (يصْحَى)

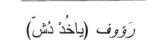

وَائِل (يتفرّج على التليفزيون)

اعكسوا الأدوار و كرّروا النشاط. هات أفعال تانية و كرّر النشاط.

تدريب (٢ - ج(٢))

كلمات مفيدة: رِحلْة/ أجازة آخرِ الأسبوع

١- طـــالب (أ): اسأل زميلك عن أجندته.

مثال:

طـــالب (أ): يوم الحدّ بتعمل إيه؟ بتقعد في البيت؟

طالب (ب): لا. يوم الحدّ ماباقعدش في البيت. باتعشّى مع العيلة برّه.

طالب (أ)

الحدّ	الاتنين	التلات	الأربع	الخميس	الجمعة	السبت
بالعب تنس	بازور ماما	باذاكر	باروح السينما	باكتب جوابات	باروح النادي	باتعشى مع أصحابي

طالب (ب)

الحدّ	الاتنين	التلات	الأربع	الخميس	الجمعة	السبت
باتعـــشى مع العيلة برّه	مع مراتي	باذاكر	باكتب E.M	بـــاروح سينما	شاى عند أصحابي	مسرح

٢- طالب (ب): اسأل زميلك عن أجندته و كرّروا النشاط.

٣- كرّر نفس الحوار و اسأل باقي الزملاء كُلّ واحد بيعمل إيه و مابيعملش إيه.

٤- اسأل زمايلك عن أجازة آخر الأسبوع.

مثال:

طـــالب (أ): بتروح السينما في الأجازة؟

طالب (ب): لا ماباروحش السينما باتفرّج على التليفزيون.

اسم الطالب	السينما	النادي	المطعم	العيلة	الأصحاب	رياضة	رحلة
١-							
٢-							
٣-							
٤-							

نصّ الاستماع لتدريب (٢ - ب(١))

١٨

ـ *بَسْمة* في الأجازة مابِتفْطَرش السّاعة ٨ الصُبْح.. لكن بتِفْطَر السّاعة ١٠ الصُبْح.

ـ *بَسْمة* في الأجازة مابِتتْغدّاش السّاعة ١٢,٣٠ الضُهر.. لكن بتِتْغدّى السّاعة واحْـدة و نُصّ.

ـ *بَسْمة* في الأجازة مابِتتْعَشّاش السّاعة ٧ بالليل.. هيّ بتِتْعَشّى السّاعة ٩ بالليل.

نصّ الاستماع لتدريب (٢ - ب(٢))

١٩

دُعاء	بتقْعُدي في البيت في الأجازة يا *نيڤين*.
نيڤين	لا ماباقْعُدش في البيت. باروح البحر في *العِين السُخْنَة* مع بابا و ماما.
دُعاء	بتعُومي في البحر؟
نيڤين	لا ماباعُومش في البحر.. لكن باخُد حَمّام شمس و باقرا كتير.
دُعاء	طيّب و أختك *نِهاد* بتعُوم في البحر؟
نيڤين	آه بتعوم في البحر كتير و بتلعب كورة على الشط مع أصحابها.

القراءة و الكتابة

(١) *ماري* طالبة في المعهد البريطاني للغات. اقرا جواب *ماري* لعيلتها.

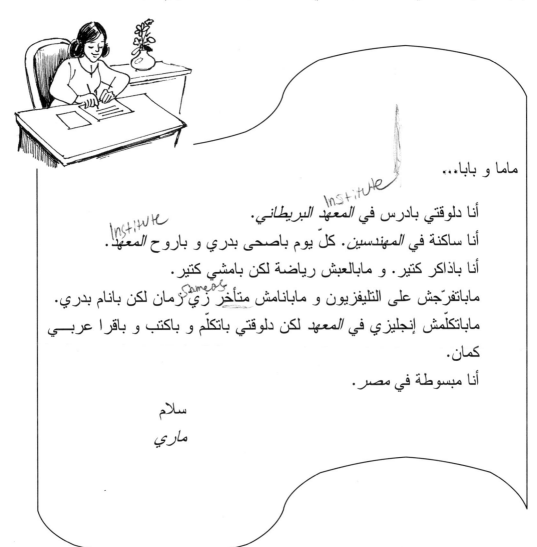

ماما و بابا...

أنا دلوقتي بادرس في *المعهد البريطاني*.

أنا ساكنة في *المهندسين*. كلّ يوم باصحى بدري و باروح *المعهد*.

أنا باذاكر كتير. و مابالعبش رياضة لكن بامشي كتير.

مابا‌تفرّجش على التليفزيون و ماباناش متأخر زي زمان لكن بانام بدري.

مابا‌تكلّمش إنجليزي في *المعهد* لكن دلوقتي باتكلّم و باكتب و باقرا عربي كمان.

أنا مبسوطة في مصر.

سلام

ماري

(٢) اكتب جواب لماما و بابا أو زميل زيّ الجواب اللي فات.

افتكـــــر

(١) الفعل المضارع في العاميّة

دلوقتي أو العادة اليوميّة: ب + فعل مضارع.

ــ لاحظ علامة التشكيل أو الحرف قبل الأخير في الفعل الثلاثي.

ــ الأفعال المُماثلة بتتصرّف بنفس الطريقة.

الفعل	أنا	إنت	إنتي	هوّ	هيّ	علامة التشكيل
بيِدْرِس	بادْرِس	بتِدْرِس	بتِدْرِسي	بيِدْرِس	بتِدْرِس	كسرة قبل الآخر
بيِلْعَب	بَالْعَب	بتِلْعَب	بتِلْعَبي	بيِلْعَب	بتِلْعَب	فتحة قبل الآخر
بيُخْرُج	بَاخْرُج	بتَخْرُج	بتُخْرُجي	بيُخْرُج	بتَخْرُج	ضمّة قبل الآخر

(٢) النفي للفعل المضارع في العاميّة

ما + ب + الفعل المضارع + ش ..... (مابْيِلْعَبْش)

الوحدة السابعة

Unit 7

Page 144 صفحة ١٤٤

Presentaion (1)

āna bas-ha badri qawi (I get up very early)

1- Listen and write the number of the right sentence next to the picture:

1- bakhod dosh ēs-saعa khamsa we nus.

2- baruuh eg-gamعa ēs-saعa sabعa.

3- bas-ha badri ēs-saعa khamsa es-sobh.

4- barkab elōtobiis ēs-saعa sitta we rubع.

5- bakhrog min elbeet ēs-saعa sitta.

6- bashrab qahwa ēs-saعa khamsa we khamsa we arbeعiin.

7- bagiib ākl we barga عelbeet ēs-saعa tamanya billeel.

8- banam ēs-saعa tisعa.

2- Look at the picture and listen to the dialogue:

What is Siham doing every day? Is she happy? Why?

Albert	ēh ya Siham, ēnti taعbana qawi kida leeh?
Siham	عashan bas-ha badri qawi kol yoom. ٢
Albert	leeh betes-hi badri kol yoom? bitiعmili ēh kol yoom?
Siham	bas-ha ēs-saعa khamsa es-sobh, we bakhud dosh ēs-saعa khamsa we nus, we bashrab qahwa ēs-saعa sitta illa rubع.
Albert	Yah.. betes-hi badri qawi kida! ēs-saعa khamsa es-sobh, we baعdeen?
Siham	bakhrog min elbeet we barkab elōtobiis ēs-saعa sitta we rubع, we baruuh elgamعa.
Albert	we betergaعi elbeet ēmta?
Siham	bagiib ākl elāwwel, we baعdeen barga عelbeet ēs-saعa tamanya we banam ēs-saعa tisعa.

Page 145 **صفحة ١٤٥**

Conjugation of present verbs.

				الفعل / الضمير
bas-ha	banaam	baruuh	Bashrab	āna
betes-ha	betnaam	betruuh	beteshrab	ēnta
betes-hi	betnaami	betruuhi	beteshrabi	ēnti
beyes-ha	beynaam	beyruuh	beyeshrab	howwa
betes-ha	betnaam	betruuh	beteshrab	heyya

Et-tadriibat

Tadriib (ب - 1): Page 147 ١٤٧ صفحة

Shiriin biteɛmel ēh kol yoom (what does Shiriin do every day?)

What does Shiriin do? When?

Listening text
Page 150 ١٥٠ صفحة

ɛali	ēzzayyik ya Shiriin, ɛamla ēh?
Shiriin	ēlhamdu lillah. mashghuula qawi.
ɛali	Mashghuula qawi leeh? biteɛmili ēh kol yoom?
Shiriin	kol yoom bas-ha badri ēs-saɛa khamsa we nus, bakhod dosh we bashrab qahwa hawali ēs-saɛa sitta we nus.
ɛali	we bitruuhi esh-shughl ēmta?
Shiriin	baruuh esh-shughl ēs-saɛa sabɛa we nus ēs-sobh, bashtaghal lighayit ēs-saɛa khamsa baɛd ed-duhr.
ɛali	we baɛdeen bitergaɛi elbeet?
Shiriin	la baruuh en-nadi ēs-saɛa sitta we balɛab riyada lighayit ēs-saɛa sabɛa billeel, we baɛdein baqabil ās-habi ēs-saɛa tamanya billeel.

الوحدة التامنة

محتويات الموضوعات في الوحدة التامنة

- **تقديم (١)**: الكلام عن الوظائف و أماكن العمل.
- **تقديم (٢)**: لغة الزيارة ــ العُزومة.

فهرس الكلمات الجديدة في وحدة ٨

تقديم (١أ):

عامل ــ سكرْتيرة ــ دُكتور ــ جارسون ــ مُمرِّضة ــ طبّاخ ــ طيّار ــ بيّاع ــ مُضيف ــ صرّاف ــ ظابط أمن ــ مُدير ــ مُهندس ــ وظيفة ــ وظايف ــ موظّف استْقبال ــ مَصْنَع ــ شرْكَة.

تقديم (١ب):

مُرْشِدة سياحيّة ــ الصِيف ــ بيشتغل ــ هُــدُوم ــ حَفلــة ــ مبــسوط ــ شهرين خِبْرة ــ قِسْم التليفزيونات ــ ماجستير ــ مُستــشفى للأطفــال ــ مكتب هَنْدَسي.

تقديم (٢):

شَرّفت ــ سعيدة ــ مُتْشكّرة ــ الحَمّام ــ قُريّب ــ يزور ــ أشوفك تــاني قُريّب ــ من غير سُكّر ــ من زمان ــ زِيارة ــ تورتة ــ حِتّة صغيّرة ــ كِفاية ــ مشْروبات ــ مأْكُولات ــ حاجة سُخْنَة/ ساقْعة ــ عُزُومة ــ شــقّة جِديدة ــ دعوة عيد ميلاد.

تقديم (١أ)

هيّ دكتورة

كلمات مفيدة: عامِل/ سِكرِتيرة/ دُكتورة/ جارسون(ة)/ مُمَرّضة/ ظابِط أمْن/ طَبّاخ/ طَيّار/ بَيّاع/ مُضيف(ة)/ صَرّاف

(١) بُصّ لكلّ صورة و اسمع كلّ واحد وظيفته إيه؟

(٢) اكتب من اللستة اسم الوظيفة لكلّ صورة.

صورة ١

صورة ٢

صورة ١: أ ـ مُمَرّضة   ب ـ دُكتورة   ج ـ موظف استقبال   د ـ عامل

صورة ٢: أ ـ طباخ   ب ـ جارسونة   ج ـ جارسون

صورة ٣

صورة ٤

صورة ٣: أ ـ بياع   ب ـ ظابط أمن   ج ـ صراف

صورة ٤: أ ـ طيار   ب ـ .....   ج ـ مضيفة

صورة (١) الحوار ١

متكلّم	مين أ في صورة (١)؟ وظيفتها إيه؟
متكلّمة	هيّ مُمَرّضة في مُستشفى.
متكلّم	مين ب؟ وظيفتها إيه؟
متكلّمة	هيّ دُكتورة في مُستشفى.
متكلّم	مين ج؟ وظيفتها إيه؟
متكلّمة	هيّ سِكرِتيرة في مُستشفى.
متكلّم	مين د؟ وظيفته إيه؟
متكلّمة	هوّ عامل في مُستشفى.

(٣) اسمع باقي الحوارات و اكتب الوظيفة تحت كلّ صورة.

صورة (٢) الحوار ٢

متكلّمة	مين أ؟ وظيفتها إيه؟
متكلّم	هيّ جارسونة في مطعم.
متكلّمة	مين ب؟ وظيفته إيه؟
متكلّم	هوّ جارسون في مطعم.
متكلّمة	مين ج؟ وظيفته إيه؟
متكلّم	هوّ طبّاخ في مطعم.

صورة (٣) الحوار ٣

متكلّم	مين أ؟ وظيفته إيه؟
متكلّمة	هوّ ظَابِط أمن في محلّ.
متكلّم	مين ب؟ وظيفته إيه؟
متكلّمة	هوّ بَيّاع في محلّ.
متكلّم	مين ج؟ وظيفته إيه؟
متكلّمة	هوّ صَرّاف في محلّ.

صورة (٤) الحوار ٤

متكلّمة	مين أ؟ وظيفته إيه؟
متكلّم	هوّ مُضيف طيران.
متكلّمة	مين ب؟ وظيفتها إيه؟
متكلّم	هيّ مُضيفة طيران.
متكلّمة	مين ج؟ وظيفته إيه؟
متكلّم	هوّ طَيّار في شركة طيران.

٥

لاحظ القواعد

(١) للسؤال عن الوظيفة

وظيفته إيه؟ هوّ: .... هيّ: ....

مذكرّ	مؤنّث
دُكتور	دُكتورة
مُمَرِّض	مُمَرِّضة
سِكِرْتير	سِكِرْتيرة
طيّار	ــــ
مُضيف	مُضيفة
طَبّاخ	طبّاخة
جَارسون	جَارسونة
بيّاع	بيّاعة
ظَابِط أمن	ــــ
صَرّاف	صَرّافة

السؤال بـــ فين؟ للمكان.

(٢) للسؤال عن مكان الوظيفة

سؤال: أحمد دكتور فين؟

جواب: دكتور في مستشفى ....

السؤال بـــ إيه؟ للوظيفة (الإسم).

النطق

اسمع و كرّر بعدالمدرّس.

دُكتور ــ دُكتورة ــ مُمَرِّض ــ مُمَرِّضة ــ مُضيف ــ مُضيفة ــ بَيّاع ــ بَيّاعة ــ طَبّاخ ــ طَبّاخة ــ صَرّاف ــ صَرّافة.

التدريبات

تدريب (١أ – أ)

كلمات مفيدة: مُهَنْدس/ مُدير

١– كرّر الحوار في تقديم (١) مرّة تانية مع زميلك على كلّ صورة. اعكسوا الأدوار و كرّروا النشاط.

٢– كرّر نفس الحوار مع صور الوظايف دي.

تدريب (١أ– ب)

كلمات مفيدة: وظيفة/ وظايف/ مُوظّف استقبال

اعمل حوار عن كلّ صورة زيّ المثال مع زميلك.

الفندق	البقّال	المستشفى	المكتب
١– مُوظّف استقبال	....	دكتور........	سكرتيرة........
....	....	ممرضة........	راجل أعمال........
....	....	....	سيدة أعمال........

مثال:

طـالب (أ): إيه الوظايف الموجودة في الفندق؟ طالب (ب): موظّف استقبال.

قول وظيفتين تانيين من عندك و اكتبهم تحتّ الصورة.

تدريب (١أ– ج)

كلمة مفيدة: مصنْع

اسأل زميلك إيه الوظايف في الأماكن دي.

١– بنك ٢– مصنع ٣– مكتب ٤– مدرسة ٥– جامعة

٦– بوسطة ٧– قسم البوليس ٨– صيدليّة ٩– سوبر ماركت ١٠– مكتبة

تقديم (١ب)

باشتغل بيّاع في الصيف

كلمات مفيدة: مُرْشِدة سِياحيّة/ الصيف/ بيشتغل

اسمع *منال* بتشتغل فين.

وجدي بيشتغل إيه دلوقتي؟

إمتى بيشتغل كده؟

هوّ بيعمل إيه تاني؟

٦

منال	ممكن إزازة ميّة لو سمحت؟
وجدي	اتفضّلي .. حضرتك بتشتغلي مُرْشدة سِياحيّة؟ صحّ؟
منال	آه .. باشتغل مُرْشِدة سِياحيّة في القاهرة بس.
وجدي	بتشتغلي مُرْشِدة سِياحيّة فين في القاهرة؟ في أنهي شركة؟
منال	في شركة *آمون تورز* .. و إنت بتشتغل بيّاع بس؟
وجدي	لا أنا ماباشتغلش بيّاع بس .. أنا طالب في الجامعة.
منال	آه .. و بتشتغل بيّاع في الصيف؟
وجدي	أيوه .. باشتغل في الصيف بسّ .. في الأجازة.
منال	براڤو عليك.

لاحظ القواعد

٧

للسؤال عن الوظيفة

السؤال: إنت بِتِشْتَغَلْ إيه؟ هوّ بِيِشْتَغَلْ إيه؟

الإجابة: أنا بَاشْتَغَلْ ...... هوّ بِيِشْتَغَلْ ....

	أنا	إنت	إنتي	هوّ	هيّ
الإثبات	بَاشْتَغَلْ	بِتِشْتَغَلْ	بِتِشْتَغَلِي	بِيِشْتَغَلْ	بِتِشْتَغَلْ
النفي	مَابَاشْتَغَلْشْ	مَابِتِشْتَغَلْشْ	مَابِتِشْتَغَلِيش	مَابِيِشْتَغَلْشْ	مَابِتِشْتَغَلْشْ

النطق

كرّر بعد المدرّس.

بَاشْتَغَلْ بِتِشْتَغَلْ بِتِشْتَغَلِي

مَابَاشْتَغَلْشْ مَابِتِشْتَغَلْشْ مَابِتِشْتَغَلِيش

التدريبات

تدريب (١ب ــ أ)

كلمة مفيدة: هُدُوم

١- اتكلّم عن كلّ صورة، هوّ بيشتغل إيّه؟ و فين؟

٢- وصّل المعلومات و كوّن جملة زي المثال.

٦ ٥ ٤ ٣ ٢ ١

أنا طبّاخ	بتشتغل	في محلّ هُدُوم.
إنت مُدير	باشتغل	في كافيتريا بينوس.
إنتي مُمَرّضة	بيشتغل	في فندق *هيلتون*.
هوّ جارسون	بتشتغلي	في *بنك القاهرة*.
أحمد صرّاف	بتشتغل	في شركة *موبينيل*.
هيّ بيّاعة	بيشتغل	في مُستشفى.

صحّح مع زميلك

تدريب (١ب ــ ب(١))

كمّل الحوار و كرّره مع زميلك.

(١) أ ــ أحمد بيشتغل مهندس؟

ب ــ لا أحمد ما .... مهندس .. هوّ .... مدير في شركة *ڤودافون*.

(٢) أ ــ سميرة .... دكتورة؟

ب ــ لا سميرة ما .... هيّ ....

(٣) أ ــ إنتي .... سكرتيرة؟

ب ــ لا أنا ما .... سكرتيرة .. أنا ....

(٤) أ ــ إنت .... صرّاف؟

ب ــ لا أنا ما .... صرّاف .. أنا ....

تدريب (اب ـ ب(٢))

مبسوط في شغلك؟

كلمات مفيدة: حَفْلة/ مَبْسوط/ مَبْسوطة/ شَهْرين

(١) الناس دول مين؟

(٢) اسمع و املا الجدول.

	أمير	دُعاء	عُلا
اسم الوظيفة			
فين؟			

(٣) اسمع مرّة تانية و جاوب.

١- أمير مبسوط في شغله؟ ليه؟

٢- دُعاء مبسوطة في شغلها؟ ليه؟

٣- عُلا مبسوطة في شغلها؟ ليه؟

(٤) اسأل زميلك: بتشتغل إيه؟ مبسوط في شغلك؟

تدريب (اب ـ ج)

كلّ طالب يسأل باقي الزملاء.

السؤال	طالب ١	طالب ٢	طالب ٣	طالب ٤	طالب ٥	طالب ٦
بتشتغل إيّه؟ بتشتغل فين؟ بابا بيشتغل؟ فين؟ ماما بتشتغل؟ فين؟						

نصّ الاستماع لتدريب (اب ــ ب(٢)) ٨

عُلا	وإنت بتشتغل إيه يا *أمير*.. مهندس؟
أمير	لا أنا ماباشتغلش مهندس.. أنا مدير في شركة *نِسْلة*.
عُلا	مبسوط في شغلك؟
أمير	لا.. عايز شغل تاني عشان الفلوس مش كفاية.
عُلا	إم .. و إنتي يا *دُعاء* بتشتغلي إيه؟
دُعاء	أنا باشتغل مُدرّسة في مدرسة الـــ *B.B.C*.
عُلا	كويّس قوي. مبسوطة في شغلك؟
دُعاء	إم .. مش قوي. باصحى بدري قوي و بارجع متأخّر قوي. وإنتي بتشتغلي إيه يا *عُلا*؟
عُلا	أنا باشتغل دكتورة في مستشفى *المعادي*.
دُعاء	مبسوطة؟
عُلا	آه الحمد لله. الشغل كتير.. لكن كويّس.

القراءة و الكتابة

Children

كلمات مفيدة: خِبْرة/ قِسْم التليفزيونات/ ماجستير/ للأطفال/ مكتب هندسي

(١) اقرا إعلانات الوظايف دي

.... بيتكلّم إنجليزي كويّس الشغل من ٨-٢. أجازة شهرين في السنة. السن: من ٢٢-٤٠ سنة.	مكتب هندسي يطلب..... من ٩-٥ كلّ يوم السبت أجازة. بيتكلّم إنجليزي و فرنساوي.	محلّ يطلب .... قسم التليفزيونات و الڤيديو. من ٩- ٧ بعد الضهر. أجازة يوم الجمعة. بيتكلّم إنجليزي كويّس.
.... لمطعم كبير الشغل من ٩-٦ بعد الضهر. أجازة يوم واحد في الإسبوع.	مستشفى النزهة تطلب .... للأطفال كلّ يوم من ٩- ٤. أجازة جمعة و سبت ــ ماجستير ــ خِبْرة	

(٢) اختار الوظيفة للإعلان المناسب.

سكرتيرة ــ بيّاع ــ مُدرّس ــ دكتورة ــ طبّاخ.

(٣) اكتب إعلان عن نفسك تطلب وظيفة من الوظايف دي و املا البيانات دي.

الاسم العنوان السن الخبرة

تقديم (٢)

أهلاً و سهلاً شرّفتي!

وداد بتزور *ريهام* صاحبتها. اسمع بتقول إيه؟

قول أنهي حوار مناسب للصورة.

(١)

(٢)

(٣)

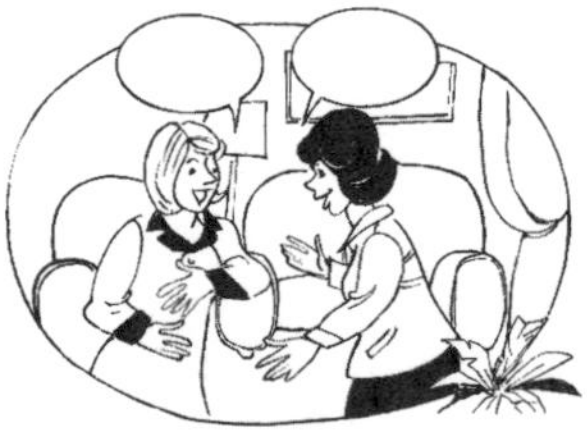

(٤)

(٥)

Cake Something cold / drink

كلمات مفيدة: شقّة/ حاجة ساقعة/ بلاش/ الحمّام/ جاتوه/ شرّفْتي/ قريّب

٩

ريهام	سعيدة يا *وداد* .. إزّيك؟
وِداد	أهلاً و سهلاً يا *ريهام* .. إزّيك إنتي .. اتفضّلي.
ريهام	ياه .. شقّتِك حلوة قوي يا *وداد*.
وِداد	متشكّرة قوي .. إنتي شرّفتي .. تشربي حاجة ساقعة؟ عصير؟ تاكلي جاتوه؟
ريهام	لا شكراً .. بلاش جاتوه .. أشرب عصير كويّس. ممكن الحمّام يا *وداد* .. فين الحمّام؟
وِداد	آه طبعاً. اتفضّلي .. الحمّام على الشمال.
	بعد الزيارة...
ريهام	طيّب سلام يا *وداد* .. أشوفِك تاني قُريّب.
وِداد	إنّ شاء الله. مع السّلامة .. شرّفْتي.

لاحظ القواعد

لغة الزيارة ١٠

	الضيف	صاحب البيت
١- للتحيّة	سعيدة. إزّيك. البيت حلو قوي. سلام. أشوفك تاني قُريّب.	أهلاً و سهلاً اتفضّل. شكراً (متشكّر). شرّفْت. إنّ شاء الله. مع السّلامة.
٢- للطلب	ممكن الحمّام؟	أيوه. طبعاً اتفضّل.
	صاحب البيت	**الضيف** ١١
٣- للعزُومة	تشرب حاجة ساقعة؟ تاكل جاتوه؟	للإيجاب: طيّب/ ماشي. شكراً. للنفي : لا شكراً بلاش. مش عايز.

النطق

كرّر بعد المدرس.

شرّفْت　　　شرّفْتي　　　سعيدة. مع السّلامة

تشرب حاجة؟　　　تاكل حاجة؟　　　أشوفَك تاني　　　أشوفِك تاني

التدريبات

تدريب (٢ - أ(١)) ١٢

(١) وصّل جملة (أ) بالردّ المناسب من (ب).

(أ)	(ب)
١ - تشرب حاجة ساقعة؟	أ ــ لا. بلاش.. لكن ممكن جاتوه.
٢ - تاكلي آيس كريم؟	ب ــ أهلاً و سهلاً.. إزّيِك إنتي؟
٣ - سعيدة يا *ماجدة*.. إزّيِك؟	د ــ ازيك إنت؟ أهلاً بيك.. شرّفْت.
٤ - سلام يا *حسين*.	د ــ إن شاء الله أشوفَك تاني. شرّفْت.
٥ - أشوفِك بعدين يا *تهاني*.	هـ ــ شكراً.. إنت شرّفْت.
٦ - بيتك حلو قوي.	و ــ آه طبعاً.. هناك على اليمين.
٧ - ممكن الحمّام لو سمحتي؟	ز ــ مع السّلامة. شرّفْتي.
٨ - إزّيك يا *حاتم*؟	ح ــ طيّب. شكراً.. *كوكاكولا* كويّس.

(٢) اسمع و صحّح.

(٣) كرّر الحوارات مع زميلك.

تدريب (٢- أ(٢))

Rearrange

١٣

رتّب الحوار مع زميلك. ٢٧٥٤٣٦١٨

١- مع السّلامة يا سامح شرّفت. ٧

٢- أهلاً يا سامح اتفضّل. إزّيك إنت؟ ١

٣- تشرب قهوة؟ ٥

٤- متشكّر قوي. ٤

٥- اتفضل القهوة. ٣

٦- ماشي.. بس من غير سكّر. ٦

٧- سعيدة يا فؤاد.. إزّيك؟ ٢

٨- طيّب.. سلام يا فؤاد. ١

اسمع و صحّح الحوار. كرّر الحوار مع زميلك.

تدريب (٢ – ب(١))

كوّن العبارة المناسبة للإجابات دي بالتبادل مع زميلك.

الردّ	العبارة
أيوه طبعاً. اتفضّل الحمّام على اليمين.	١-؟
الحمد لله. إزّيك إنتي؟	٢- ازيلك الجميلة؟
لا بلاش قهوة. ممكن شاي.	٣- تشرب قهوة؟
أهلاً و سهلاً بيك.	٤- أهلاً وسهلاً
شكراً. إنت شرّفت.	٥-
مع السّلامة. شرّفت.	٦- سلام يا صاحبي
إنّ شاء الله.	٧- اشوفك تاني قريب
طيّب ممكن كيك. متشكّرة قوي.	٨- ممكن حلويات

تدريب (٢ ــ ب(٢))

أصحاب من زمان

كلمات مفيدة: من زمان/ زيارة/ تورتة/ حتّة صغيّرة/ كفاية

حسين و علي أصحاب من زمان. علي بيزور حسين.

(١) اسمع و جاوب: حسين مبسوط من الزيارة دي؟

(٢) اسمع مرّة تانية. ١- بيت حسين حلو؟

٢- علي عايز قهوة و للا شاي؟

٣- علي عايز تورتة؟

٤- علي بيشتغل إيه؟ حسين بيشتغل إيه؟ و فين؟

(٣) اكتب صحّ على الصور المناسبة للاستماع.

(٤) كمّل مع زميلك الحوار حسب باقي الصور.

تدريب (٢ ــ ج(١))

كلمات مفيدة: مَشْروبات/ مأْكُولات/ حاجة سُخْنَة/ ساقْعَة

ده حوار بين اتنين أصحاب. حمدي و نبيل.

(١) رتّب الحوار مع زميلك.

حمدي	مع السّلامة أشوفَك قُريّب. إنّ شاء الله.
نبيل	شكراً. أي حاجة سُخْنَة كويّس.
حمدي	الحمد لله. و إنت عامل إيه؟
نبيل	إزّيك؟ عامل إيه؟
حمدي	شكراً. شرّفت.
نبيل	طيّب سلام. أشوفَك بعدين.
حمدي	تشرب حاجة سُخْنَة و للا ساقْعة.
نبيل	بيتَك جميل قوي.

(٢) كرّر الحوار مع زميلك.

(٣) مثّل زيّ الحوار اللي فات مع باقي الزملاء في الفصل.

(٤) استخدم (مشْروبات ــ مأْكُولات تانية من عندك).

تدريب (٢ ــ ج(٢))

تمثيل

كلمات مفيدة: عُزُومة/ جاتوه

١- طالب (أ): إنت ضيف (استعمل لغة التحيّة و الزيارة).

٢- طالب (ب): إنت صاحب البيت (استعمل المشْرُوبات و المأْكُولات دي في العُزُومة).

مشْرُوبات: صودا ــ شاي ــ قهوة ــ كاكاو ــ لبن ــ ميّة ــ عصير..إلخ.

مأْكُولات: بيتسا ــ بسكوت ــ جاتوه ــ سندوتش جبنة ــ همبرجر ــ آيس كريم.

٣- غيّروا الأدوار مع طلبة تانيين في الفصل.

نصّ الاستماع لتدريب (٢ ــ ب (٢))

١٤

علي	أهلاً أهلاً! إزّيك يا *حسين*.. عامل إيه؟
حسين	الحمد لله يا *علي* كويّس.. و إنت؟
علي	تمام الحمد لله. إنت بتشتغل إيه يا *حسين* دلوقتي؟
حسين	باشتغل مهندس في شركة *أوراسكوم*.. و إنت؟
علي	باشتغل دكتور في مستشفى *الزهراء*. ياه .. بيتك حلو قوي يا *حسين*.
حسين	شكراً يا *علي*. إنت شرّفت. تشرب إيه؟ حاجة ساقعة أو سُخْنَة؟ تاكل تورتة حلوة؟
علي	إم .. ممكن حاجة سُخْنَة. قهوة كويّس.. و تورتة.. حتّة صغيّرة كِفاية. متشكّر قوي.
حسين	العفّو إنت شرّفْت.
علي	....
حسين	.... (كمّل الحوار حسب الصور في صفحة ١٧٧)

القراءة و الكتابة

كلمات مفيدة: دعوة/ شقّة جديدة/ عيد ميلاد

(١) دي دعوة *نادر* لصاحبه محمود. اقرا الدعوة و جاوب.
الحفلة إمتى؟ ليه؟

عزيزي محمود:

أنا عامل حفلة كبيرة عشان الشقّة الجديدة.
فيه موسيقى ـــ مأكولات ومشروبات كتيرة.
الحفلة السّاعة ٨ بالليل يوم الخميس.
أهلاً وسهلاً بكلّ الأصحاب.
العنوان: ٨ شارع *المهدي* شمال محطة البنزين.
عمارة رقم ٢٥ الدور السابع شقّة ٤٧.

نادر صالح

(٢) اكتب دعوة لأصحابك عشان عيد ميلادك.

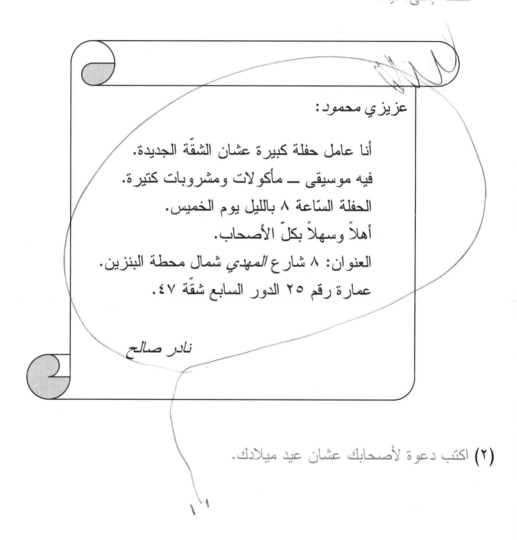

الوحدة التامنة
Unit 8

Heyya doktoora? (Is she a doctor?)

Page 166 **صفحة ١٦٦**

Presentation 1a (أ1): waziftu ēh?

Look at the picture and find out what its matching job is. Write the job for each picture from the list.

Picture (1):

١

Mutakallim	Miin أ fi sura (1)? waziftu ēh?
Mutakallima	heyya momarreda fi mustashfa.
Mutakallim	miin ب? wazifitha ēh?
Mutakallima	heyya doktoora fi mustashfa.
Mutakallim	miin ج? wazifitha ēh?
Mutakallima	heyya sekertera fi mustashfa.
Mutakallim	miin د? waziftu ēh?
Mutakallima	howwa ع amil fi mustashfa

Page 167 **صفحة ١٦٧**

Listen to the dialogues and write the job under each picture.

Picture (2) the dialogue:

٢

Mutakallima	miin أ? wazifitha ēh?
Mutakallim	heyya garsoona fi matعam.
Mutakallima	miin ب? waziftu ēh?
Mutakallim	howwa garsoon fi matعam.
Mutakallima	miin ج? waziftu ēh?
Mutakallim	howwa tabbakh fi matعam.

Picture (3) the dialogue:

٣

Mutakallim	miin أ? waziftu ēh?
Mutakallima	howwa zabit āmn fi mahall.
Mutakallim	miin ب? waziftu ēh?
Mutakallima	howwa bayyaع fi mahall.
Mutakallim	miin ج? waziftu ēh?
Mutakallima	howwa sarraf fi mahall.

Picture (4) the dialogue:

٤

Mutakallima	miin أ? waziftu ēh?
Mutakallim	howwa mudiif tayaran.
Mutakallima	miin ب? wazifitha ēh?
Mutakallim	heyya mudiifet tayaran.
Mutakallima	miin ج? waziftu ēh?
Mutakallim	howwa tayyar fi shirkit tayaran.

Page 170 صفحة ١٧٠

Presentaion (ب1):- Bashtaghal bayaa عfi ēs-seif

(I am a sales man in the summer) Listen: Where is Manal working?

٦

Manal	mumkin ēzazit mayya law samaht?
Wagdi	Ētfaddali, hadretik betishtaghali murshida siyahiyya? sah?
Manal	Āh, bashtaghal murshida siyahiyya fi el Qahera bas.
Wagdi	betishtaghali murshida siyahiyya feen fi elQahera? fi ānhi shirka?
Manal	fi shirkit Amuun Tours, we ēnta betishtaghal bayyaع bas?
Wagdi	la āna mabashtaghalsh bayyaع bas. āna talib fi elgamعa.
Manal	āh, we betishtaghal bayyaع fi ēs-seif?
Wagdi	Āywa, bashtaghal fi ēs-seif bas, fi elāgaza.
Manal	bravo عaleek.

Tadriib ((2)ب – ب1)

Mabsuut fi shughlak (Are you happy at work?)

Page 172 صفحة ١٧٢

Listen and answer if Amiir is happy at work?

٨

ɛola	we ēnta betishtaghal ēh ya Āmiir, muhandis?
Āmiir	la āna mabashtaghalsh muhandis, āna mudiir fi shirkit Nestle.
ɛola	mabsuut fi shughlak?
Āmiir	la ɛayiz shughl tani ɛshan ēlfuluus mish kifaya.
ɛola	ēmm.. we ēnti ya Doɛā, betishtaghali ēh?
Doɛā	āna bashtaghal mudarrisa fi madrasit ēl B.B.C.
ɛola	kwayyis qawi. mabsuuta fi shughlik?
Doɛā	ēmm mish qawi. Bas-ha badri qawi we bargaɛ mitākhar qawi. we ēnti betishtaghali ēh ya ɛola?
ɛola	āna bashtaghal doktoora fi mustashfa ēl Maɛadi.
Doɛā	mabsuuta?
ɛola	āh ēlhamdu lillah .. ēshughl kitiir, lakin kwayyis.

presentation2: Page 174 صفحة ١٧٤

Āhlan wa sahlan, sharrafti! (Hello, I am honored to receive you here)

Arrange right picture for the suitable sentence.

٩

Riham	saɛiida ya Widad, ēzzayyik?
Widad	āhlan wasahlan ya Riham, ēzzayyik ēnti, ētfaddali.
Riham	Yah .. shaqqitik hilwa qawi ya Widad.
Widad	mutshakira qawi, ēnti sharrafti, tishrabi haga saqɛa? ɛasiir? takli gatooh?
Riham	la shukran. balash gatooh, āshrab ɛasiir kwayyis. momkin elhammam ya Widad, feen ēlhammam?
Riham	āh tabɛan. ētafddali ēlhammam ɛala ashimal.

Baɛd ez-ziyara (after the visit)

Riham	tayyib salam ya Widad āshuufik tani qurayyib.
Widad	ēnsha āllah. maɛ as-salama, sharrafti.

Page 175 صفحة ١٧٥

Tadriib ((1)أ - 2)

(1) Connect sentence from (أ) with the suitable answer from (ب):

(أ)	(ب)
1- teshrab haga saqɛa?	أ- la balash, lakin momkin gato.
2- takli āys kreem?	ب- āhlan wa sahlan, ēzzayyik ēnti.
3- saɛiida ya Magda, ēzzayyik?	ج- ēzzayyak ēnta? āhlan biik, sharraft.
4- salam ya Hseen.	د- ēnsha āllah ashuufak tani. sharraft.
5- āshuufik baɛdein ya Tahani	هـ- shukran, ēnta sharraft.
6- beetik helow qawi	و- āh tabɛan, hinak ɛala alyimiin.
7- momkin elhammam law samahti?	ز- maɛ as-salama. sharrafti.
8- ēzzayyak ya Hatim?	ح- tayyib. shukran, Coca-Cola kwayyis.

Page 176 صفحة ١٧٦

Tadriib (2 – 2 أ):-

Arrange the dialogue with your partner.

1- maɛ as-salama ya Sameh, sharraft.

2- āhlan ya Sameh ētfaddal. ēzzayyak ēnta?

3- tishrab qahwa?

4- mutshakkir qawi.

5- ētfaddal elqahwa

6- mashi, bas min gheer sukkar.

7- saɛiida ya Fuāad, ēzzayyak?

8- tayyib, salam ya Fuāad.

الوحدة التاسعة

محتويات الموضوعات في الوحدة التاسعة

- **تقديم (١)**: تقديم دعوة. قبول الدعوة أو الاعتذار عنها.
- **تقديم (٢)**: الكلام عن الهدايا و مايحبّه الناس. الكلام عن اقتراحات للهدايا.

فهرس الكلمات الجديدة في وحدة ٩

تقديم (١):

فيلم درامي ــ فيلم كوميدي ــ فيلم سياسي ــ فيلم رومانسي ــ فيلم بوليسي طويل ــ جَدّ ــ فاضي ــ كلّ سنة و إنت طيّب ــ آسِف ــ مَعْلِش ــ أحْسَن جِدّ ــ العِيلة ــ فُسْحَة ــ رِياضة ــ اِقْتِراح ــ الجّاي ــ مشْهور.

تقديم (٢):

هديّة ــ تَذْكَرة ــ شوكلاتة ــ وَرْد ــ قميص ــ موسيقى خفيفة ــ عربيّة ــ مَضْرَب تنس ــ كرافتّة ــ بنطلون ــ كورة ــ مِسَافر ــ عيّان ــ أجيبله إيه؟ حَفْلة عشا ــ فَرَح ــ زِيارة ــ سَفَر ــ وِلادة ــ بيبي ــ خُطُوبة ــ المَشْي ــ جَزْمة ــ طَبْخ ــ فُسْتان ــ القِرَاية ــ عيد الأُم.

تقديم (١)

أفلام و أفلام

(١) بُصّ لصور الأفلام. اكتب نمرة نوع الفيلم تحت الصورة المناسبة.

كلمات مفيدة: فيلم درامي/ فيلم كوميدي/ فيلم سياسي/ فيلم رومانسي/ فيلم بوليسي/ طويل/ جَدّ/ فاضي

(٢) *جمال* عايز يتفرّج علٰى فيلم جديد مع مراته. اسمع مراته عايزة إيه؟ *جمال* مبسوط؟

١

جمال	تروحي سينما *التحرير* يا *رشا*؟ فيه فيلم *السادات* لأحمد زكي؟
رشا	فيلم *السادات*؟ إم .. لا.. مش عايزة فيلم سياسي.. عشان طويل قوي.
جمال	كده؟ طيّب تتفرّجي على فيلم *السفارة في العمارة* لعادل إمام؟
رشا	لا.. لا ده فيلم كوميدي قوي.. الأفلام الكوميديّة مش جَدّ.
جمال	خُسارة. طيّب إنتِ عايزة إيه بالظبط؟
رشا	أنا مش عايزة سينمات دلوقتي. فاضي بكرة؟ تاكل آيس كريم معايا؟
جمال	إيه؟ آيس كريم؟ يووه.. ياللا.. ياللا.. لا.. مش فاضي.

(٣) اسمع مرّة تانية و جاوب.

رشا مش عايزة فيلم سياسي ليه؟

رشا مش عايزة فيلم كوميدي ليه؟

جمال فاضي ياكل آيس كريم يوم الجمعة؟

لاحظ القواعد

(١) لتقديم الدعوة

الدعوة		**الردّ**
تروحي السينما؟	(إنتي)	مــوافق: أيوه .. ماشي/ ممكن.
فاضي تروح السينما معايا يوم الجمعة؟	(إنت)	الاعتذار: لا .. عشان + مافيش وقت/ مش فاضي.

(٢) لتقديم الدعوة

١- الفعل المضارع من غير ب	إنت تروح السنيما؟ إنتي تروحي السنيما؟	٢
٢- الفعل المضارع من غير ب + مع	إنت تدخل معايا فيلم كوميدي؟ إنتي تدخلي معايا فيلم كوميدي؟	٣
٣- فاضي + الفعل المضارع	إنت فاضي تروح السينما معايا؟ إنتي فاضيه تروحي السينما معايا؟	٤

النطق

كرّر بعد المدرّس.

تدخلي معايا فيلم كوميدي؟ تروحي معايا السينما؟ فاضية تتفرّجي معايا على DVD؟

فاضي تروح السينما؟

التدريبات

تدريب(١ – أ)

كلمات مفيدة: كلّ سنة وإنتي طيّبة/ آسفة/ أحْسَن/ الجايّ/ مشْهور/ معلْش= آسف

(١) قول نوع الفيلم اللي في الصورة؟

(٢) اسمع و قول أنهي فيلم في أنهي سينما؟

( )
سينما مترو
٥

( )
سينما ميامي
٦

( )
سينما ديانا
٧

( )
سينما التحرير
٨

(٣) اسمع و جاوب كلّ واحد مش عايز/ عايزة سينما النهاردة ليه؟

(٤) اسمع مرّة تاني و اقرا الاعتذارات دي. اكتب نمرة الاعتذار قدّام صورة السينما المناسبة.

١- بكرة فيه امتحان مهم. **٢- أنا باشتغل كلّ يوم بعد الضّهر من ١-٤.**

٣- بالعب ماتش تنس مع صاحبي النهاردة. **٤- عيد ميلادي النهاردة.**

(٥) كرّر الحوارات مع زميلك.

تدريب (١ ـ ب(١))

كلمات مفيدة: جِدّ/ العيلة

طالب (أ): إنت عايز تروح السينما مع *نبيل* و *هاني* و *عماد* و *داليا*.

١- اسأل طالب (ب) عن أحسن وقت مع الأصحاب عشان تروحوا السينما.

	الخميس بالليل	الجمعة بعد الضّهر	الجمعة بالليل	السبت بعد الضّهر	السبت بالليل
نبيل	بيشتغل متأخر	ـــــــ	بيقابل أصحابه	ـــــــ	بيكتب شغل على الكومبيوتر
هاني	ـــــــ	فاضي	ـــــــ	بيزور جِدّه	ـــــــ
عماد	فاضي	ـــــــ	فاضي	ـــــــ	بينضّف الأوضة
داليا	ـــــــ	بتغسل العربيّة	ـــــــ	بتشتري طلبات الأسبوع	ـــــــ

٢- جاوب. *نبيل* مش فاضي الخميس بالليل عشان ......

مش فاضي الجمعة بالليل عشان ......

مش فاضي السبت بالليل عشان ......

مثال للحوار:

طالب (أ): *نبيل* بيعمل إيه يوم الجمعة بعد الضّهر؟ فاضي يروح السينما؟

طالب (ب): لا. *نبيل* مش فاضي الجمعة بعد الضّهر عشان بيقابل عيلته.

٣- غيّر في جدولك و اكتب حاجات تاني و كرّر النشاط.

طالب (ب): إنت عايز تروح السينما مع *نبيل* و *هاني* و *عماد* و *داليا*.

(١) اسأل طالب (أ) عن جدول باقي الأصحاب و إيه أحسن وقت للأصحاب عشان تروحوا السينما.

(٢) جاوب من جدولك.

مثال: *نبيل* مش فاضي يوم الجمعة بعد الضّهر عشان بيقابل العيلة.

	الخميس بالليل	الجمعة بعد الضّهر	الجمعة بالليل	السبت بعد الضهر	السبت بالليل
نبيل	ـــــــ	بيقابل العيلة	ـــــــ	فاضي	ـــــــ
هاني	بينضّف أوضته	ـــــــ	بيزور صاحبه في المستشفى	ـــــــ	فاضي
عماد	ـــــــ	بيلعب تنس	ـــــــ	بيذاكر للامتحان	ـــــــ
داليا	فاضيّة	ـــــــ	بتروح الأوبرا	ـــــــ	فاضيّة

هاني مش فاضي يوم .... عشان .... لكن فاضي يوم ....

عماد مش فاضي يوم .... عشان .... يمكن فاضي يوم ....

داليا مش فاضيّة يوم .... عشان .... لكن فاضيّة يوم ....

٣– غيّر في الجدول و اكتب حاجات تاني و كرّر النشاط.

تدريب (١ ــ ج)

Break

كلمات مفيدة: فُسْحة/ رياضة

١– املا جدولك للأسبوع الجّاي (عادات ــ أو حاجات عايز تعملها).

مثال للجدول:

	الاتنين	التلات	الأربع	الخميس	الجمعة	السبت	الحدّ
بعد الضّهر	بيروح النادي	رياضة	النشاط	بيستريح	بينضف أوضته	بيذاكر	الصيد سمك
بالليل	بيذاكر	بيتفرج السينما	المطعم	الاوبرا	بيتفرج UFC	بيقرا	بيشتوي سمك

٢– اتناقش مع زمايلك عن جدول كلّ واحد. إمتى فاضي؟

٣– اقترح مكان و فسحة (مطعم ــ سينما ــ نادي ــ رياضة .. إلخ).

نصّ الاستماع لتدريب (١ - أ)

حوار (١)	نانسي	فيه فيلم حلو قوي يا *مها* في سينما *ديانا*. فيلم بوليسي.. ترّوحي معايا؟
	مها	لا.. أنا آسفة يا *نانسي*. عيد ميلادي النهارده.
	نانسي	إم. ياخسارة! طيّب.. كلّ سنة و إنتي طيّبة.
	مها	وإنتي طيّبة. ٥

حوار (٢)	أسامة	فيه فيلم درامي كويّس في سينما *مترو*.. إيه رأيك يا *رانيا*؟ فاضية النهاردة؟
	رانيا	آسفة يا *أسامة*.. بكرة فيه امتحان مهم. مافيش وقت.
	أسامة	إم. معلش. خسارة. ٦

حوار (٣)	إيهاب	يا *نورا* فيه فيلم كوميدي في سينما *ميامي*.. إيه رأيك؟ تتفرّجي على الفيلم ده معايا؟
	نورا	معلش يا *إيهاب*.. آسفة جداً عشان باشتغل بعد الضّهر من ٤-١١ بالليل.
	إيهاب	ماشي. الأسبوع الجّاي أحسن. ٧

حوار (٤)	نادية	*سُهير*.. فيه فيلم رومانسي في سينما *ديانا* مشهور قوي. تروحي معايا؟
	سُهير	لا معلش. مرّة تانية يا *نادية*.. عشان بالعب ماتش تنس مع صاحبتي النهاردة.
	نادية	كده. طيّب مرّة تانية إن شاء الله. ٨

القراءة و الكتابة

(١) اقرا الرسالة الإلكترونية (e-mail) دي.

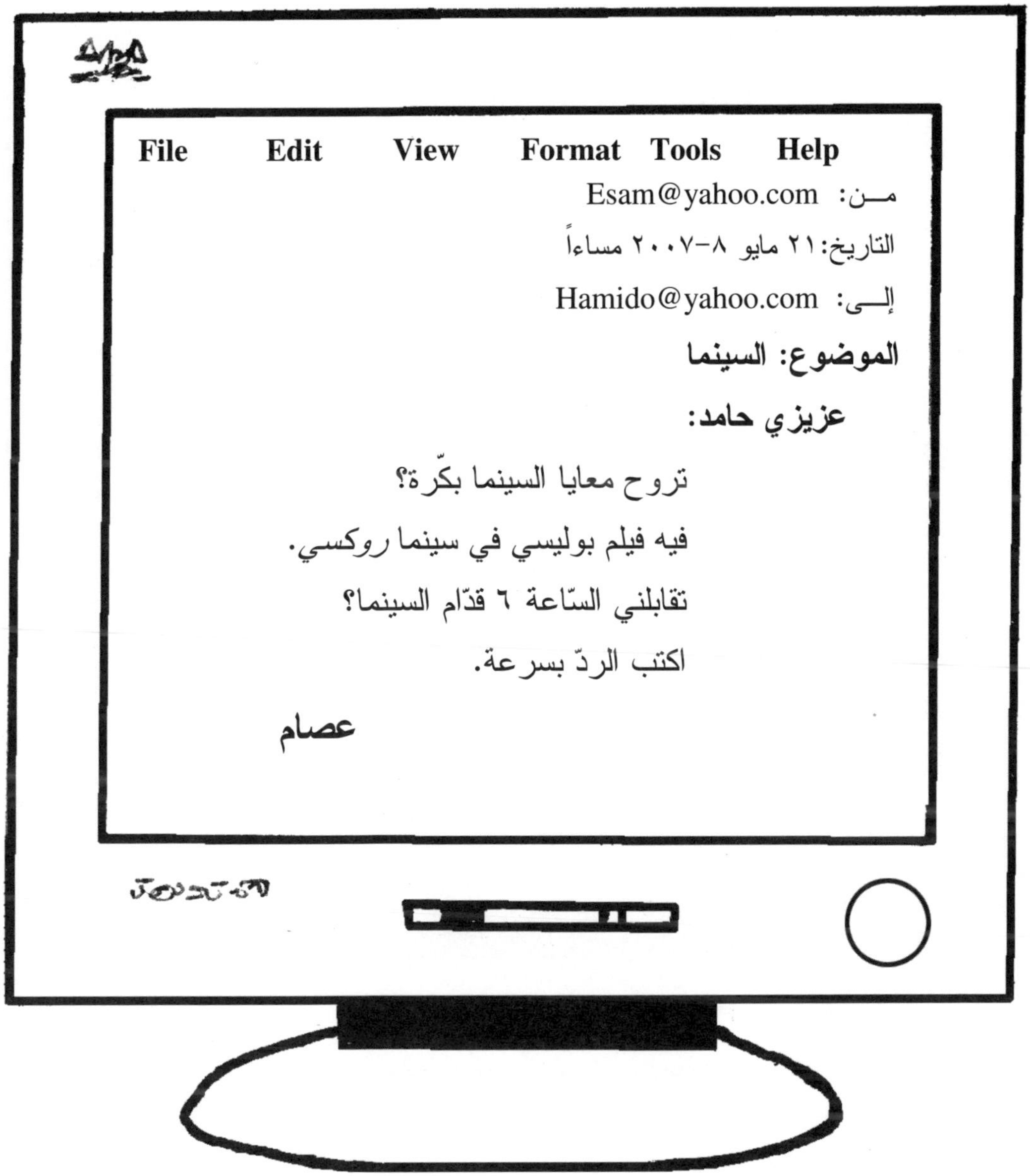

File Edit View Format Tools Help

مــن: Esam@yahoo.com

التاريخ: ٢١ مايو ٨-٧-٢٠٠٧ مساءً

إلــى: Hamido@yahoo.com

الموضوع: السينما

عزيزي حامد:

تروح معايا السينما بكّرة؟

فيه فيلم بوليسي في سينما روكسي.

تقابلني السّاعة ٦ قدّام السينما؟

اكتب الردّ بسرعة.

عصام

(٢) اقرا الردّ

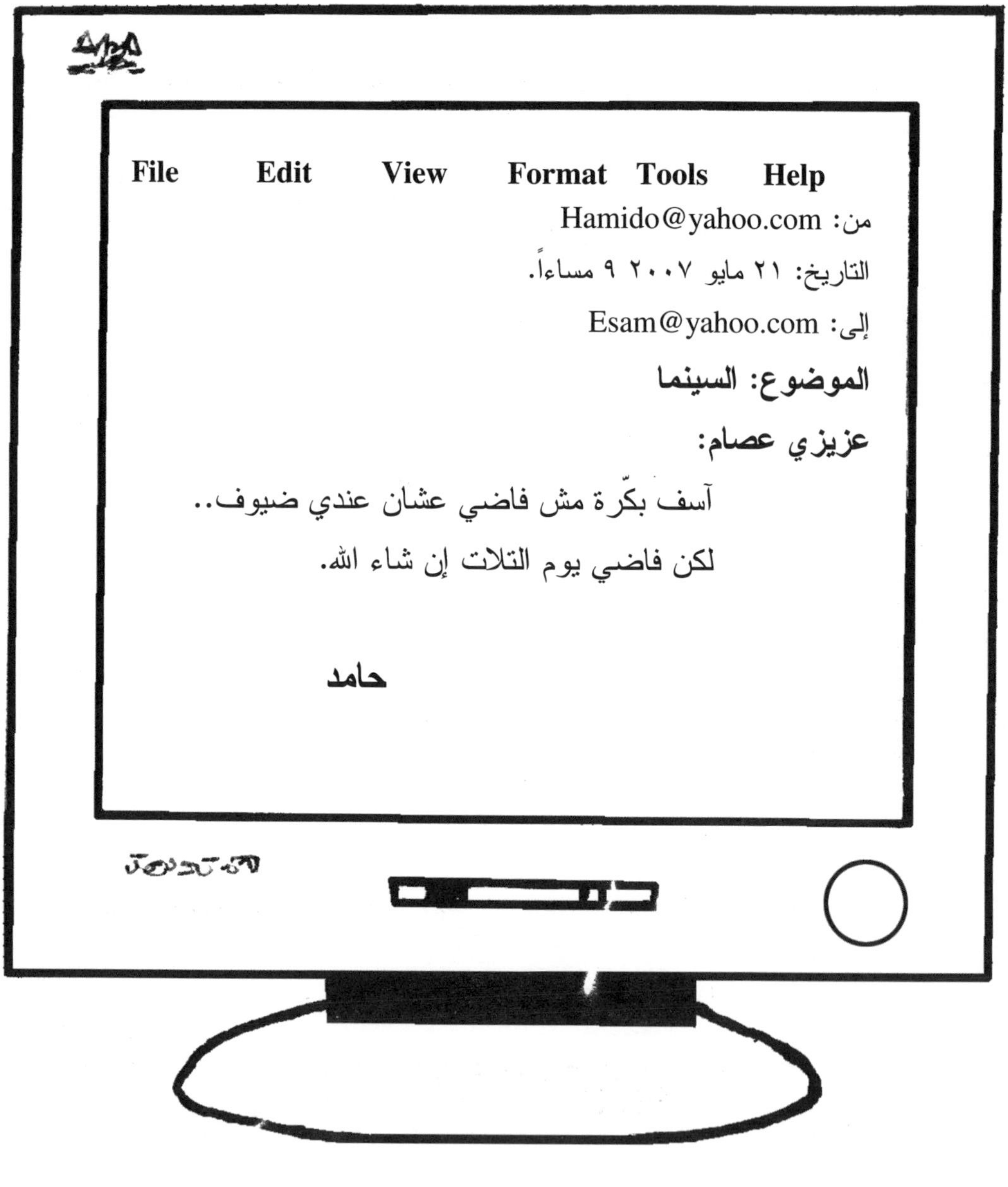

File Edit View Format Tools Help

من: Hamido@yahoo.com

التاريخ: ٢١ مايو ٢٠٠٧ ٩ مساءاً.

إلى: Esam@yahoo.com

الموضوع: السينما

عزيزي عصام:

آسف بكّرة مش فاضي عشان عندي ضيوف..

لكن فاضي يوم التلات إن شاء الله.

حامد

(٣) اكتب اقتراح و دعوة لكلّ طالب من زملائك في الفصل و كلّ واحد يكتب الردّ (موافقة أو اعتذار).

تقديم (٢)

أي هديّة

(١) ادرس الكلمات و اكتب نمرة الهديّة قدّام الصورة المناسبة.

كلمات مفيدة:
١- تذكرة لـ الأقصر وأسوان
٢- شوكلاتة
٣- ورْد ٤- قميص
٥- CD موسيقى خفيفة
٦- مضْرب تنس
٧- كرافتّة ٨- بنطلون
٩- كورة

(٢) اكتب نوع الهديّة لصاحب مسافر مدّة طويلة/ أو عيّان في المستشفى.

مسافر		عيّان	
١-	٢-	١-	٢-
٣-	٤-	٣-	٤-

أشتري لخالد إيه هدية؟

٩

(١) عيد ميلاد *خالد* بكْرة. اسمع و كرّر.

ممدوح	أشتري هديّة إيه *لخالد* يا *شيرين*؟ عيد ميلاده بكْرة؟
شيرين	مش عارفة. هوّ بيحبّ إيه؟
ممدوح	*خالد* بيحبّ الموسيقى العربيّة.. أشتريله C D *لعمر خيرت*؟
شيرين	إم. فكرة كويّسة! CD *لعمر خيرت* أو *عمرو دياب* حلو قوي.

(٢) اسمع الحوار مرّة تانية و جاوب. ممدوح يشتري *لخالد* إيه؟

لاحظ القواعد

الاقتراح و لغة الهدايا في المناسبات

١٠

(١) أشتري لأحمد إيه؟

(٢) أجيب لأحمد إيه؟ = أجيبله إيه؟

(٣) أحمد بيحبّ إيه؟

السؤال	الجواب
هوّ بيحبّ إيه؟ هيّ بتحبّ إيه؟	هوّ بيحبّ الموسيقى. هيّ بتحبّ السينما.
بيحبّ + الإسم	

النطق

كرّر بعد المدرّس.

أشتري هديّة إيه؟   أجيب لأحمد إيه؟

هوّ بيحبّ الكورة.   هيّ بتحبّ الكتب.

التدريبات

تدريب (٢ - أ(١))

Dinner party

كلمات مفيدة: حفلة عشا/ أجيبله إيه؟

your colleague   Repeat   complete

كمّل الكلمات الناقصة و كرّر الحوار مع زميلك.

أجيبله - الحلويات - أشتريله - بيحبّ

تامر	النهاردة فيه حفلة عشا في بيت أسامة .أجيبله.. إيه؟
مجيد	هوّ .بيحبّ.. إيه؟
تامر	هوّ بيحبّ .الحلويات. أجيبله تورتة؟
مجيد	إم. تورتة فكرة كويّسة.. أو ممكن شوكلاتة.
تامر	أيوه .أشتريله.. شوكلاتة أحسن.

تدريب (٢ - أ(٢))

Engagement Giving Birth

كلمات مفيدة: فَرَح/ زيارة/ سَفَر/ حفلة تخرُّج/ وِلادِة بيبي/ خُطوبة

١- كرّر مع زميلك الحوار في تقديم (١).

٢- اختار هدايا من اللستة للمناسبات دي.

فَرَح

حفلة عشا

حفلة تخرُّج

وِلادِة بيبي

خُطوبة

عيّان

سَفَر

عيد ميلاد

زيارة

تدريب (٢ ــ ب(١))

قول اقتراح لزميلك عشان هدايا للناس دي.

١- *ناجي* بيحبّ الموسيقى و المسرح. اشتريله تذكرة مسرح؟

٢- *نانسي* بتحبّ الكتب و القراية. ....

٣- *مفيد* بيحبّ يلعب رياضة. ....

٤- *سمير* بيحبّ الأكل برّة. ....

٥- *تهاني* بتحبّ الورد. ....

٦- *ماجد* بيحبّ الحلويّات. ....

٧- *أمير* بيحبّ الأفلام. ....

تدريب (٢ ـ ب(٢))

كلّ سنة و انتي طيبة ياماما

Reading Dress To look Shoes Walking mothers day

كلمات مفيدة: عيد الأم/ المشي/ جَزْمَة/ طَبْخ/ فُسْتان/ القراية

١١

١– اسمع الحوار و جاوب. بكْرة عيد إيه؟

٢– اسمع مرّة تانية و املا الجدول زيّ المثال.

مين؟	بتحبّ إيه؟	اقتراح الهديّة
مامة حنان		
مامة زينب		
مامة هالة		
مامة جورج	بتحبّ الرياضة	جيب لماما جزمة نايكي أو بوما.

٣– طالب (أ): إنت جورج اقترح هدِيّة لمامتك.

٤– طالب (ب): ساعد زميلك.

موافق ← فكرة كويّسة/ هايلة.

مش موافق ← فكرة مش كِويّسة.

اقتراح ← جيب ..../ جيبي ....

تدريب (٢ ـ ج(١))

تمثيل

١- طالب (أ): فيه حفلة بكْرة في الشغل اختار المناسبة لزميل/ زميلة. اسأل زميلك و اقترح الهديّة.

٢- طالب (ب): اختار الهدِيّة من الصور مع طالب (أ) عشان الزميل ده بيحبّ/ بتحبّ.

مثال:

طالب (أ): عيد ميلاد *ناجي* بكْرة أشتري له إيه؟ أشتري له راديو؟

طالب (ب): فكرة كويّسة! أو .. لأ.. جيب له .... أحسن.

تدريب (٢ ــ ج(٢))

١- طـــالب (أ): اسأل زميلك تحب أنهي هدِيّة في أنهي مناسبة؟ و ليه؟
٢- طالب (ب): اتكلّم عن نفسك و اعكسوا الأدوار. اسأل باقي الزملاء في الفصل.

نصّ الاستماع لتدريب (٢ - ب(٢)) ١١

حوار (١)

حنان	تنزلي معايا البلد بكرة يا *زينب*؟
زينب	آه ممكن. بسّ ليه؟ فيه إيه؟
حنان	عيد الأم بكرة. أجيب لماما إيه؟
زينب	ممكن كتاب طبخ. هيّ بتحب الطبخ قوي. و أنا أشتري لمامتي إيه؟
حنان	اشتري فستان.. إيه رأيِك؟
زينب	فكرة حلوة قوي.

حوار (٢)

١٢

جورج	إزيك يا *هالة*؟
هالة	الحمد لله. إزيك إنت يا جورج؟
جورج	الحمدلله .. إيه مالك فيه إيه؟
هالة	جورج، بكرة عيد الأم .. وأنا مش عارفة أجيب لماما إيه؟
جورج	آه صح! بكره عيد الأم .. إم .. مامتك بتحبّ إيه؟
هالة	ماما بتحبّ القراية قوي.
جورج	خلاص .. اشتري لها كتاب أو قصّة حلوة.
هالة	فكرة كويّسة. و إنت مامتَك بتحبّ إيه؟
جورج	ماما بتحبّ الرياضة .. أجيبلها إيه؟
هالة	جيب لها جزمة بوما و لا نايكي عشان المشي.
جورج	فكرة هايلة.

القراءة و الكتابة

١- طالب (أ): إنت محمد. صاحبك *نبيل* عيد ميلاده النهارده. اقرا الإعلان. اشتري تذكرة حفلة هديّة لصاحبك. اكتب المعلومات عن التذكرة.

ساقية عبد المنعم الصاوي
El Sawy Culturewheel

المركز الرئيسي
ش ٢٦ يوليو ، الزمالك
القاهرة - مصر
تليفون: ٧٣٦٦١٧٨
فاكس: ٧٣٥٤٥٠٨
محمول: ٠١٢٤٤٠٠١٠٠

الغناء والموسيقي في ساقية عبد المنعم الصاوي

أغنيات مصرية معاصرة
الاثنين ٢٨ يناير ٢٠٠٨
٨,٠٠ مساءا
قاعة الحكمة
التذاكر: ١٥ جنيه

اسم المكان: نوع الحفلة: الوقت: السعر: ١٥جنيه

٢- طالب (ب): إنت *نبيل*. اكتب شكر على الهدِيّة زيّ المثال:

عزيزي محمد:

أشكرك قوي على التذكرة. أنا باحبّ الموسيقى قوي.

شكراً مرّة تانية على الهديّة.

صديقك

نبيل

٣- اعكسوا الأدوار و كرّروا النشاط مع هديّة تانية.

افتكـــــر

(١) لتقديم الدعوة

الدعوة		**الردّ**
تروحي السينما؟	(إنتي)	مـــوافق: أيوه.. ماشي/ ممكن.
فاضي تروح السينما معايا يوم الجمعة؟	(إنت)	الاعتذار: لا.. عشان + مافيش وقت/ مش فاضي.

(٢) لتقديم الدعوة

الاقتراح و لغة الهدايا في المناسبات

(١) أشتري لأحمد إيه؟

(٢) أجيب لأحمد إيه؟ = أجيبله إيه؟

(٣) أحمد بيحبّ إيه؟

السؤال	الجواب
هوّ بيحبّ إيه؟ هيّ بتحبّ إيه؟	هوّ بيحبّ الموسيقى. هيّ بتحبّ السينما.
بيحبّ + الإسم	

الوحدة التاسعة

Unit 9

Page 186 صفحة ١٨٦

Presentation (1): Āflam we Āflam

(1) Look at the pictures and write the number of the movie type under the suitable picture.

(2) What does Gamal's wife want? Is he happy? ١

Gamal	teruuhi sinima at-tahriir ya Rasha? Fiih film Ēs-sadat le Āhmad Zaki.
Rasha	film Ēs-sadat? Ēmm.. la mish ع ayyza film siyasi عshan tewiil qawi.
Gamal	kida! tayyib titfarragi عala film Ēs-sefara fi elعimara leعadel Ēmam?
Rasha	la.. la.. la.. da film komidi qawi.. la, el-aflam el-komidiyya mish gad.
Gamal	khusara.. tayyib ēnti عayyza ēh bizzabt?
Rasha	āna mish عayyza sinimat delwaqti. fadi bokra takul āys kreem maعaya?
Gamal	ēh? āys kreem!! Yooh.. yalla.. la.. mish fadi.

Ēt-tadriibat

Tadriib (أ - 1): Listening text

Pages 187 and 188 صفحة ١٨٧ و ١٨٨

Write the number of appology in front of the correct picture.

1- bokra fiih ēmtihan muhim.

2- āna bashtaghal kul yoom baعd ed-dohr min 1-4.

3- balعab matsh tenes maع sahbi ēn-naharda.

4- عiid miladi ēn-naharda.

Page 190 ١٩٠ صفحة

Listening text

Dialogue 1

٥

Nancy fiih film helw qawi ya Maha fi sinima Dayana. film boliisi, teroohi maعaya?

Maha la. āna āsfa ya Nansi. عiid miladi ēn-naharda.

Nancy emm.. ya khsara! tayyib kul sana we ēnti tayyiba.

Maha we ēnti tayyiba.

Dialogue 2

٦

Ūsama fiih film drami kowayyis fi sinima Metro eh rāyik ya Ranya? fadya ēn-naharda?

Ranya āsfa ya Ūsama, bokra fiih ēmtihan muhim. mafiish waqt.

Ūsama Emm.. maعlesh.. khosara

Dialogue 3

٧

Ehab ya Nura fiih film komidi fi sinima Miami, eh rāyik titfarragi عala lfilm da maعaya?

Nura maعlesh ya Ēhab. āsfa giddan, عashan bashtaghal baعd ed-dohr min 4-11 belleil.

Ehab mashi, el-osbuع el-gayy ahsan.

Dialogue 4

٨

Nadya Suhair, fiih film rumansi fi sinima Dayana mashhuur qawi. tiruuhi maعaya?

Suhair la maعlesh. marra tanya ya Nadia, عashan balaعab matsh tenes maعa sahbiti ēn-naharda.

Nadyah kida.. tayyib marra tanya ēnsha āllah.

Page 193 صفحة ١٩٣

Āy hidiyya (which gift?)

Presentation (2)

(1) Study the vocabulary then write the gift's number next to the suitable picture.

(2) Write the type of gift for a farewell/or a sick friend in a hospital.

Āshtiri likhalid ēh hidiyya? ٩

Mamdooh	āshtiri hidiyya ēh likhaled ya shiriin? ع iid miladoh bokra?
Shirien	mish عarfa. howwa beyheb ēh?
Mamdooh	khaled beyheb ēlmusiiqa alعarabiyya. āshtiriloh C.D liعomar khairat.
Shiriin	ēmm.. fikra kwayyisa! C.D liعomar khairat āw عamr Diyab helw qawi.

2- Listen again then answer: what would Mamdooh buy for khaled?

Ēt-tadriibat

Tadriib ((2)ب - 2):

Kul sana we ēnti tayyiba ya Mama (Happy mother's day)

Page 198 صفحة ١٩٨

Dialogue 1 ١١

Hanan	tinzili maعaya albalad bokra ya Zeinab.
Zeinab	āh mumkin. bas leeh? fiih ēh?
Hanan	عiid elōm bokra. āgiib liMama ēh?
Zeinab	mumkin kitab tabkh, heyya betheb et-tabkh qawi, we āna āshtiri liMamti ēh?
Hanan	ēshtiri fustan. ēh rāyik?
Zeinab	fikra hilwa qawi.

Dialogue 2

١٢

George	ēzzayyik ya Hala?
Hala	ēlhamdu lillah, ēzzayyak ēnta ya George.
George	ēlhamdu lillah. ēh malik fiih ēh?
Hala	George, bokra ع iid elōm, āna mish ع arfa āgiib liMama ēh
George	āh sah bokra ع iid elōm.. ēmm.. mamtik bethеb ēh?
Hala	mama betheb elqiraya qawi.
George	khalas, ēshtirilha kitab aw qissa hilwa.
Hala	fikra kwayyisa. we ēnta mamtak betheb ēh?
George	Mama betheb er-riyada. āgiiblaha ēh?
Hala	giib laha gazma Puma walla Nike ع ashan elmashy.
George	fikra hayla.

الوحدة العاشرة

محتويات الموضوعات في الوحدة العاشرة

- **تقديم (١)**: طلب خدمات: طلب تاكسي ــ حجز تذاكر في محطّة القطر و الاستعلام عن مواعيد القطارات و أماكنها.

- **تقديم (٢)**: طلب خدمات: طلب طعام في المطعم.

فهرس الكلمات الجديدة في وحدة ١٠

تقديم (١):

Ticket — Evenening Train — Morning Train — An errand — at the corner — Taxi Driver

أُسْطى ــ على الناصية ــ مشوار ــ قَطْر الصُبح ــ قَطْر الليل ــ تَذْكَرَة ــ

Second Class — First Class — Sidewalk / Platform — Arrives — The train leaves — Tickets

تذاكر ــ القطر بيقوم ــ بيوصل ــ رَصيف ــ دَرَجة أولى ــ دَرَجَة تانية ــ

Return time — Departure time — Take a ticket — Regular — Air conditioning

مُكيّف ــ عادي ــ يقطع تذكرة ــ ميعاد السَفر ــ ميعاد الرُجوع ــ دَرَجَة

Timetable — Tourists Class

سِياحيّة ــ لوحِة المواعيد ــ ظُهْراً ــ عَصْراً ــ مَساءاً.

تقديم (٢):

سَنْدَوِتش عادي ــ وَسَط ــ كِبير ــ فِراخ مَشْويّة ــ سَمَك فيليه مَقْلي ــ إسْكَالوب بَانيه لَحْمَة ــ سُجُق ــ بطاطس مِحَمّرة ــ مسْتَردة ــ سَلَطَة خَضْرا ــ عَصير لَمون ــ حاجة ساقعة ــ همبرجر بالجبنة ــ مِنْيو ــ لِسّة ــ صُبَاع موز ــ خَلّاط ــ تَلْج ــ اِضْرَب ــ وَصْفَة.

تقديم (١)

قَطْر.. و للا تاكسي؟

كلمات مفيدة: أُسْطى/ على الناصية/ مِشْوار/ قَطْر الصُبْح/ قَطْر الليل/ تَذكَرَة/ تَذَاكِر/ القَطْر بيقوم/ بيوصل/ رَصيف/ دَرَجة/ مكيّف

(١) اسمع و جاوب. *إيهاب* ساكِن فين؟

(٢) اسمع و جاوب. فيه تذاكِر لأسوان في قَطْر الصُبْح؟

١

٢

إيهاب	مصر الجديدة ياأُسْطى؟
أسطى	ماشي. اتفضّل. فين في مصر الجديدة إنّ شاء الله؟
إيهاب	شارع *المعالي*.. من ميدان روكسي.
أسطى	هنا كويِّس؟
إيهاب	أيوه. خشّ يمين هنا على الناصية هنا كويّس. الحساب كام؟
أسطى	٢٥ جنيه بسّ.
إيهاب	إيه؟ لأ ده كتير. ١٥ جنيه كويّس.

زبون	لو سمحت عايز تَذْكَرَة *لأسوان* في قَطْر الصُبْح التوربيني.
موظّف	لا. آسف مافيش تَذَاكِر في قَطْر الصُبْح .. لكِن فيه تَذَاكِر في قَطْر الليل الفرنساوي.
زبون	قَطْر الليل؟ إم. طيّب عايز تَذْكَرة في عَربيّة النوم المُكيّفة.
موظّف	تذكرة دَرَجة أولى و للا تانية؟
زبون	لا عايز تَذْكَرة دَرَجة أولى.
موظّف	اتفضّل. القَطْر بيقوم السّاعة ٧,٥ بالليل من رَصيف ٢ و بيوصل السّاعة ٨ الصُبْح.
زبون	شكراً.

اسمع مرّة تانية و جاوب.

السوّاق عايز كام؟

لكن إيهاب عايز بكام؟

اسمع مرّة تانية و جاوب.

فيه تَذَاكِر إمتى؟

قَطْر الليل بيقوم السّاعة كام؟

بيقوم من أنهي رَصيف؟

اسمع مرّة تانية و كرّر الحوار مع زميلك.

لاحظ القواعد

(١) لغة التاكسي

زبون	سوّاق
١- المهندسين ياأسطى؟	فين في ...... ؟
٢- في شارع/ ميدان الـــ ...... جنب.../ قدّام ال...... على الناصية.	اتفضّل.
٣- الحساب كام/ عايز كام؟	...... جنيه.
٤- لا. كتير. أو... جنيه كويّس. أو معاك فكّة ٢٠ جنيه ...إلخ.	لا. مش كفاية. لا مافيش. أو شكراً مع السّلامة.

(٢) للسؤال عن معلومات في محطّة القَطْر

زبون	موظّف
للسؤال عن التذكرة	
فيه تذاكر دَرَجة أولى/ تانية .... إلخ.	درجة أولى مُكيّفة و للاعادة؟
بكام التَذْكَرة؟	بـــ ....
كُرسي نمرة كام؟	كُرسي نمرة ....
للسؤال عن القطر	
القَطْر على رَصيف نمرة كام؟	رصيف نمرة ....
عربيّة نمرة كام؟	عربيّة نمرة ....
بيقوم السّاعة كام؟	بيقوم السّاعة ....
بيوصل السّاعة كام؟	بيوصل السّاعة ....

النطق

كرّر بعد المدرّس.

دَرَجة أولى ــ دَرَجة تانية ــ فاضي ياأسطى؟

مُكيّف ــ عادي ــ على فين؟ ــ بكام التَذْكَرة؟

قَطْر الليل ــ قَطْر الصُبْح ــ قَطْر النوم.

التدريبات

تدريب (١ - أ(١))

١- وصّل الحوار.
٢- رتّب الحوار.
٣- كرّره مع زميلك.

زبون	سوّاق تاكسي
١- في شارع الثورة.	أ ــ لا مش كفاية.
٢- أيوه هنا جنب الصيدليّة. عايز كام؟	ب ــ اتفضّل. فين في العجوزة.
٣- لا. كده كويّس مع السّلامة.	حـ ــ على فين؟
٤- تاكسي. فاضي ياأسطى؟	د ــ ١٠ جنيه.
٥- لا. ٤ جنيه كفاية قوي.	هـ ــ ماشي. هنا كويّس؟
٦- العجوزة.	

تدريب (١ - أ(٢))

كمّل الكلمة الناقصة و كرّر الحوار مع زميلك.

بيوصل ــ قَطْر الليل ــ دَرَجة أُولى ــ مُكيّف ــ رَصيف ــ بيقوم ــ تذكرة ــ دَرَجة تانية.

١- لو سمحت عايز .... في .... لمحطة *الأقصر*.

٢- القطر ده عربيّات نوم بسّ و .... بسّ مافيش دَرَجة تانية.

٣- ماشي.. لكن .... ؟

٤- أيوه مُكيّف. عايز كام تذكرة؟

٥- عايز تذكرة واحدة. القطر .... السّاعة كام من مصر؟

٦- السّاعة ٨ بالليل و .... السّاعة ٧ الصُبح على .... نمرة ٢.

تدريب (١ - ب(١))

فيه قَطْر لشَرْم الشيخ؟

مارك عايز يسافر رحلة.

هوّعايز يسافر فين؟

(١) اسمع و جاوب.

(٢) اسمع مرّة تانية و جاوب.

١- موقَف الأتوبيس فين؟ رَصيف نِمرة كام؟

٢ - التذكرة بكام؟

٣- الأتوبيس بيقوم إمتى؟ و بياخُد كام ساعة؟

٤- الأتوبيس بيوصل السّاعة كام؟

(٣) مثّل الحوار مع زميلك. غيّر الأدوار و كرّر.

(٤) اختار رحلة تانية و اعمل حوار مع زميلك.

تدريب (١ ــ ب(٢))

(١) كمّل الحوار. مثّل الحوار مع زميلك.

أ ــ تاكسي .... ؟

ب ــ فين في الــ .... ؟

أ ــ .... ؟

ب ــ اتفضّل.

ب ــ هنا ....

أ ــ أيوه هنا .... الحساب .... ؟

ب ــ الحساب .... جنيه بسّ.

أ ــ إيه ....؟ .... كويّس.

ب ــ يامدام مش ممكن .... يامدام.

(٢) غيرّ الأدوار مع زميلك و كرّر النشاط.

تدريب (١ – ج)

تمثيل

موقف (١)

١- طالب (أ): اختار رحلة جُوَّه مصر. اشتري تذكرة من الموظّف.

٢- طالب (ب): إنت موظّف في محطة قَطْر/ أتوبيس.

٣- اعملوا حوار زي اللي فات.

٤- غيّر الدور مع زميل تاني و كرّر النشاط.

كلمات مفيدة: يقطع تَذكرة/ ميعاد السفر/ الرُجوع/ درجة سياحيّة

موقف (٢) **شركة طيران حورس**

طالب (أ): إنت موظّف في الشركة. بتقطع تذكرة طيارة و بتسأل عن المعلومات دي.

نمرة الباسبور	الاسم	الجنسيّة	البلد	ميعاد السفر	ميعاد الرجوع
11119	احمد	مصري	مصر	٣٠ يوليو	٣٠ سبتمبر

طالب (ب): إنت زبون بتشتري تذكرة و بتسأل عن المعلومات دي.

سِعْر التذكرة	الدَرَجة	نمرة الرحلة	رقم الكرسي	الطيارة كام مرّة في الأسبوع

١- كوّن أسئلة عن كلّ معلومة.

٢- ابدأ النشاط مع زميلك.

٣- غيرّ الأدوار و كرّر النشاط.

٤- غيرّ الزميل و كرّر النشاط.

موقف (٣)

طالب (أ): إنت عايز تاكسي.

طالب (ب): إنت سوّاق و مش عارف الطريق. اعمل حوار مع زميلك.

نصّ الاستماع لتدريب (١ ــ ب(١))

٣

مارك	لو سمحت عايز تَذْكَرة قَطْر *لشرم الشيخ*؟
موظّف	لا آسف. مافيش قَطْر *لشرم الـشيخ*. دي مــش محطّــة قطــر.. ده موقــف أتوبيس بسّ.
مارك	ياه. إم. طيّب عايز تذكرة دَرَجة تانية ليوم الأربع.
موظّف	آسف. مافيش دَرَجة تانية. الأتوبيس كلّه دَرَجة واحدة التذكرة بــ ٨٠ جنيــه. مُكيّف. بيقوم يوم الأربع السّاعة ١٢ بالليل.
مارك	إم. و بيوصل *شرم الشيخ* إمتى؟
موظّف	الأتوبيس بياخدّ ٦ ساعات و بيوصل الصُبْح السّاعة ٦.
مارك	بيقوم منين لو سمحت؟
موظّف	من هنا. من محطة جنوب *سينا*.. آخر شارع *رمسيس* رصيف ٣.
مارك	طيّب عايز تذكرة لو سمحت.
موظّف	اتفضّل.

القراءة و الكتابة

تدريب (١)

اقرا تذكرة القطر و اكتب المعلومات.

الدرجة: اولى مكيفه

السفر من الإسكندرية لـ القاهرة

ميعاد السفر:

السعر: ٤٠ ج.م.

تاريخ السفر: ٢٢/٠٦/٠٧

نمرة القطر: ٠٩٢٨ العربيّة: ٠٣ الكرسي:

كلمات مفيدة: لُوحِة مواعيد/ ظهراً/ عصراً/ مساءاً

تدريب (٢)

١- إنت عايز تزور صديقك في أسوان. اقرا لُوحة مواعيد القطر.

٢- اكتب لزميلك عن ميعاد السفر ــ رَقَم القطر ــ ميعاد الوصول.

رقم الرصيف	وصول	إلى	من	قيام	رقم القطار
٢	١٨	الأقصر	القاهرة	٧ صباحاً	٥١٢
٤	٧ صباحاً	أسوان	القاهرة	١٢ مساءاً	٦٠١
٥	٨ صباحاً	القاهرة	أسوان	٧ مساءاً	١١٩
١	١٥	أسوان	القاهرة	٥ صباحاً	٢١٢
١	١٦	المنيا	القاهرة	١١ صباحاً	٧٠٣
٣	١٤	الإسكندرية	أسيوط	٩ صباحاً	٨٠٤

تقديم (٢)

تطلُب إيه؟

٤

(١) ادرس الكلمات دي.

سندَوِتش عادي   وَسَط   كبير

٥

(٢) اكتب الرَقَم قُدّام الصورة.

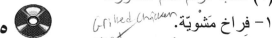

١- فِراخ مَشْوِيّة. Grilled Chicken

٢- سَمَك فيليه مَقْلي. Fish Filet

٣- اسْكَالوب بَانيه لَحْمَة. (Breaded) Type of meat

٤- سُجُق. Sausage

٥- بَطاطِس محَمّرَة. Fried Potatoes

٦- مستردة. Mustard

٧- سَلَطة خَضْرا. Green Salad

٨- عَصير لَمون. Lemon Juice

٩- حاجَة ساقْعَة. Something cold

١٠- همبرجر بالجِبْنَة و الكاتشب.

٦

(٣) اسمع مدام *ناردين* بتطلب إيه؟ هيّ عايزة إيه؟

جارسون	أيوه يافندم أيّ خدمة .. تِطْلُبي إيه؟ (Sir/Ma'am)
ناردين	لو سمحت.. عايزة سندوتش وَسَط فِراخ مَشْوِيّة.
جارسون	واحد فراخ مَشْوِيّة وَسَط. بالمسْتَرْدَة؟
ناردين	لا. من غير مسْتَرْدَة.
جارسون	حاجة تانية؟
ناردين	أيوه عايزة ١ بطَاطِس محَمَّرة كبير و واحِد عَصير لَمون. الحساب كام؟
جارسون	واحِد فِراخ وَسَط بـ ١٥ جنيه.. و واحد بطَاطِس كِبير بـ ٤ جنيه.. و واحد لَمون بـ ٣ جنيه. الحساب كُلُّه ٢٢ جنيه.

لاحظ القواعد

(١) لطلب الخدمة في المطعم.

جارسون	زبون
تطلُب إيه؟/ أيّ خدمة؟	لو سمحت.. عايز ١، ٢، ٣...همبرجر.
عَادي و للا كبير؟	سَنْدَوِتْش ....
بالمستَرْدَة/ بالكاتشب؟	أيوه/ لا. من غير ....
حاجة تانية؟	لا شكراً. الحساب كام؟
الحساب	اتفضّل. شكراً

(٢) بنطلب الأكل بالمفرد

مثال:

١ فراخ مَشْوِيّة/ ٢ سَنْدَوِتْش سَمَك مَقْلي/ ٣ عصير .... إلخ.

(٣) همبرجر + جِبْنَة = همبرجر + بـــ + الجِبْنَة = همبرجر بالجِبْنَة.

النطق

كرّر بعد المدرّس.

فِراخ مَشْوِيّة ــ سَمَك فِيليه مَقْلِي ــ اسْكَالوب بانيه

لحمة مَشْوِيّة ــ بطاطِس مِحَمّرة ــ سلطة.

التدريبات

تدريب (٢ – أ)

(١) رتّب الحوار.

جارسون	حاجة تانية؟
ماجد	أيوه. و واحد لمون و ٢ حاجة ساقعة.
جارسون	الحساب ٢٥ جنيه.
ماجد	عايز سندوتش سَمَك مَقْلي.. و واحد بطاطس محمّرة لو سمحت.
جارسون	أهلاً و سهلاً. أيّ خدمة. تطلب إيه حضرتك؟
ماجد	واحد سَمَك كبير.. و بطَاطِس وَسَط.
جارسون	حاجة تانية؟
ماجد	شكراً. الحساب كام؟
جارسون	سندوتش عادي و للا وَسَط و للا إيه؟

(٢) صحّح الحوار مع زميلك. كرّر الحوار مع زميلك (اختار نوع أكل تاني).

تدريب (٢ ــ ب(١))

طالب (أ): إنت زبون. طالب (ب): جارسون.

(١) اسأل زميلك عن الأسعار الناقصة في اللستة.

مثال:

طالب (ب): أيّ خِدمة؟

طالب (أ): بكام سندوتش الهمبرجر الوَسَط لو سمحت؟ بـــ ٤جنيه و نصّ.

<u>لستة كافيتريا على كيفك</u>

(طالب أ)

المنيو

		جنيه
	عادي	٣,٥
همبرجر بالجبنة	وَسَط	ــ
	كبير	٧
بيتسا	وَسَط	ــ
	كبيرة	٢٥
فراخ مشويّة	عادي	ــ
	وَسَط	٨
	كبير	ــ
سَمَك مَقْلي	عادي	٨
	وسط	ــ
	كبير	١٤
بطاطس محَمّرة	عادي	ــ
	وَسَط	٥
	كبير	ــ
كوكا	وَسَط	٤
	كبير	ــ

(٢) اطلب من زميلك الغدا و استعمل المنيو اللي فات. اعمل حوار زي تدريب (٢ – أ).

(٣) اعكسوا الأدوار و كرّروا النشاط.

(١) اسأل زميلك عن الأسعار الناقصة في اللستة.

طالب (ب)

المنيو

		جنيه
	عادي	—
همبرجر بالجبنة	وَسَط	٤,٥
	كبير	—
بيتسا	وَسَط	١٥
	كبيرة	—
فراخ مشويّة	عادي	٤
	وَسَط	—
	كبير	١٠
سَمَك مَقْلي	عادي	—
	وسط	١٠
	كبير	—
بطاطس محَمّرة	عادي	٣,٥
	وَسَط	—
	كبير	٧
كوكا	وَسَط	—
	كبير	٦

(٢) إنت الجارسون. اكتب الطلب و الحساب لزميلك و استعمل المنيو اللي فات.

(٣) اعكسوا الأدوار و كرّروا النشاط.

تدريب (٢ ــ ب(٢))

سَمَك و للا فِراخ؟

مدام *رانية* في مطعم *فريش*.

(١) اسمع هيّ عايزة إيه؟

أصناف مطعم فريش

سَمَك مَقْلي   رُز

سَمَك مَشْوي   سلَطة خضرا

فراخ بانيه

بيتسا

بطَاطس محَمّرة

لَحْمَة بانيه

كوكا ــ عَصِير لَمون

(٢) حط √ على الطلب

فِراخ	لَحْمَة	سَمَك	عَصِير	كوكا	بطَاطِس	بيتسا

(٣) الحساب كام؟

(٤) إنت مرّة زبون. اطلب من زميلك الجارسون طلب تاني من اللستة.

(٥) غيرّ الزميل و كرّر النشاط.

تدريب (٢ ــ ج)

كلام

طالب (أ): إنت زبون. اطلب من (ب) الجارسون. الغدا.

طالب (ب): إنت جارسون. اكتب الطلب و الحساب.

غيرّوا الأدوار و كرّروا النشاط. (اطلب أصناف مختلفة).

كرّروا النشاط مع باقي الزملاء في الفصل.

القراءة و الكتابة

Recipe mix Ice mixer

كلمات مفيدة: صُبَاع موز/ خَلاّط/ تَلْج/ اِضْرَب/ وَصْفَة

اقرأ

وَصْفَة مُوز باللبن

٢ صُبَاع مُوز.

١ كُبَاية لبن + مَعْلَقة سُكّر.

تَلْج.

اِضْرَب في الخَلاّط المُوز + اللبَن + السُكّر + التَلْج.

اكتب وَصْفِة عَصِير لزميلك.

مثال:

جَوافة بِاللبَن ــ فَرَاولة بِاللبَن ــ عصير بُرْتُقان ــ كوكتيل ...... إلخ.

نصّ الاستماع لتدريب (٢ ــ ب(٢))

٧

جارسون	أيوه يافندم. تِطْلُبي إيه؟
رانية	لو سمحت عايزة واحد فِراخ بِالجِبْنَة.
جارسون	آسف يافندم مافيش فِراخ بِالجِبْنَة دلوقتي.. لكن فيه سَمَك.
رانية	إم. طيّب عايزة ٢ سندوتش سَمَك وَسَط.. و واحد بطَاطِس مِحَمّرَة كِبير.
جارسون	٢ سندوتش وَسَط سَمَك.. و واحِد بطَاطِس كِبير. عايزة حاجة ساقعة.
رانية	أيوه.. واحِد كوكا كِبير ــ الحساب كام لو سمحت؟
جارسون	الحساب ٢٨ جنيه.
رانية	اتفضّل. شكراً.

افتكـــــر

(١) مفردات لغة التاكسي

فاضي ياأسطى؟/ هنا كويّس/ جنب/ على النـــاصية/ خُشّ/ قُدّام ...إلخ. الحساب كام؟/ معاك فكّة؟

(٢) للسؤال في محطة القطر

فيه قَطْر لإسكندرية/ أسوان ...... إلخ؟

فيه تذكرة دَرَجَة تانية (مُكيّفة ــ عادة)؟

كرسي نِمْرَة كام؟ رَصيف نِمْرَة كام؟ القَطْر بيقوم إمتى؟ بيوصل إمتى؟

(٣) لغة المطعم

للطلب: عايز سندوتش عَادَة ــ وَسَط ــ كبير.

عايز + رقم مفرد + الصنف= عايز ٢ كوكا من فضلك.

مراجعة عامة

السؤال الأول: املا الجدول مع زميلك من الكلمات الجديدة.

حاجة ساقعة	حاجة سخنة
١- كوكا	١- شاي
٢- عصير	٢- قهوة
٣- لبن	٣- كاكاو
٤- ميه	٤- سوبية
٥- بيرة	٥- ستربكس
مأكولات	
١- شاورمة	٤- فراخ
٢- كباب	٥- سمك
٣- بيض	٦- لحمة فتة بطاطس محمرة

١- أنهي نوع بتقدّمه للضيوف في بيتك؟أنهي نوع لأ؟ .. ليه؟

٢- أنهي نوع بتطلبه في المطعم أو الكافيتريا؟

السؤال التاني: رتّب الجملة

أ ــ التليفون/ استعمل/ ممكن/ من فضلك.

ب ــ بكرة؟/ كوميدي/ معايا/ تروحي/ فيلم.

ج ــ عصير برتقان/ تشرب/ قهوة/ و للا.

د ــ مُكيّفة/ درجة تانية/ لو سمحت/ تذكرة/ عايز.

هـ ــ يا *فؤاد؟*/ ساعتك/ دي.

و ــ و ٢ سندوتش شاورمة بالمايونيز/ عايز/ ١ عصير لمون/ لو سمحت.

ز ــ *فرانكفورت*/ طيّارة/ السّاعة كام/ بتقوم/ لو سمحت؟

السؤال التالت: اكتب الفعل المناسب

١- هوّ .... دش.

٢- هيّ .... الأتوبيس الصبح بدري.

٣- *أحمد* .... رياضة كلّ يوم.

٤- *سعاد* .... الواجب كلّ يوم بعد الضّهر.

٥- أنا .... الغدا السّاعة ٤.

السؤال الرابع:

طالب أ: اكتب الفعل و اسأل زميلك السؤال.

طالب ب: جاوب السؤال.

(١) أ ــ .... كلّ يوم الصُبْح إمتى؟

ب ــ أنا ....

(٢) أ ــ .... الفِطَار إمتى؟

ب ــ ....

(٣) أ ــ .... على التليفزيون إمتى؟

ب ــ ....

(٤) أ ــ .... أجازتك؟

ب ــ ....

السؤال الخامس: وصّل جملة من (أ) مع جملة مناسبة من (ب)

(أ)	(ب)
١ – لو سمحت فين الصيدليّة؟	أ – باروح حوالى السّاعة ٩ الصُبْح.
٢ – أي خدمة يا فندم؟	ب – بيقوم السّاعة ١٢ الضُهْر بالظبط.
٣ – بتروح الشغل السّاعة كام؟	ج – لا شكرا. لكن ممكن كوبّاية ميّه.
٤ – القطر بيقوم السّاعة كام؟	د – أيوه. طبعاً اتفضّل هناك على اليمين.
٥ – تشرب كوكا؟	هـ – إن شاء الله. شرّفت.
٦ – ممكن الحمّام من فضلَك؟	و – أيوه. لو سمحت عايز ٢ همبرجر بالجبنة.
٧ – سلام. أشوفَك قريّب.	ز – خُشّ أوّل شارع شمال. الصيدليّة جنب البوسطة.

السؤال السادس: اكتب الفعل المناسب في النفي

١ – هيّ ما ____ دُشّ السّاعة ٦ الصبح.

٢ – ماجد ما ____ الأتوبيس السّاعة ٨ الصُبح، لكن السّاعة ٧.. و ما ____ ش عربيّتُه.

٣ –أنا ما ____ الشغل السّاعة ٩ الصبح عشان شغلي بالليل.

٤ – إنت ما ____ من الشغل بدري ليه؟

٥ – يا ماجد ما ____ الكوكاكولا بالليل؟

السؤال السابع: رتّب الجملة و صحّح مع زميلك

١ – و ٢ همبرجر/ لو سمحت/ واحد بطاطس محمّرة/ عايز.

٢ – المكتبة هناك/ و خشّ يمين/ امشى على طول/ جنب البنك.

٣ – فى المعادي/ الدور الرابع/ ١٢ شارع الزهور/ أنا ساكن/ شقة ٢٣.

٤ – باشرب لبن بس/ أنا/ ما باشربش شاى/ أنا.

٥ – و واحد سندوتش شاورمة وَسَط/ عايز/ مع كاتش اب/ سلطة خضرا.

٦ – و للا سُخنة ؟/ حاجة ساقعة/ تشربوا إيه؟

كوّن السؤال المناسب لرقم ١ ، ٢ ، ٣ ، ٤ ، ٥.

كوّن الجواب المناسب لرقم (٦) و كرّر الحوار مع زميلك.

السؤال التامن: رتّب الحوار و كرّره مع زميلك

كرّر الحوار مرّة تانية و استعمل معلومات من عندك.

هاني	آه . أنا آسف عندى شغل بالليل النهارده. ٦
علي	تروح معايا السينما النهارده؟ ١ مسرحية "الميت ..."
علي	فيلم *عمارة يعقوبيان*، *لعادل إمام*. ٣
هاني	فيلم إيه؟ ٢ مسرحية إيه؟
علي	السّاعة ٦ بعد الضهر. ٥
هاني	السّاعة كام السينما؟ ٤

السؤال التاسع: اعمل حوار مع زميلك زي المثال

١ – **موقف:** – عيد ميلاد *حمادة* النهارده.

طـــالب (أ) – أجيبله ورد عشان عيد ميلاده؟ (ورد)

طالب (ب) – فكرة كويّسة. و ممكن كمان تجيببله تورته كبيرة.

مواقف تانية:

٢ – *ليليان* مسافرة بكرة.

٣– *مصطفى* عيان فى المستشفى.

٤ – *جمال* بيحبّ الموسيقى.

٥– *أمال* بتحبّ الكومبيوتر.

٦ – *ناهد* عيد ميلادها بكرة.

السؤال العاشر:

اسأل زميلك إمتى بيعمل الأفعال دي كلّ يوم؟

اسم الطالب	بيصحى	بياخد دُشّ	بيلعب تنس	بيتغدّى	بيشتغل	بيتفرّج على التليفزيون	بينام
١–							
٢–							
٣–							
٤–							
٥–							

الوحدة العاشرة

Unit 10

Page 206 صفحة ٢٠٦

Presentation (1):

Qaṭr walla taksi? (Train or taxi?)

(1) Listen then answer where does Ēhab live? ١

Ēhab	Maṣr eg-gidiida ya ōsṭa?
Ōsṭa	mashi. ētfaḍḍal. fiin fi Maṣr eg-gidiida ēnsha āllah?
Ēhab	shareɛ elMaɛali min midan Roksi.
Ōsṭa	hena kwayyis?
Ēhab	Āywa.. khosh yimiin, hina ɛala an-nasya, hina kwayyis. ēlḥisab kam?
Ōsṭa	25 gineeh bas.
Ēhab	ēh! leeh da ketiir.. 15 gineeh kwayyis.

٢

Zubuun	law samaḥt, ɛayyiz tazkara le Āswan fi qaṭr es-ṣubḥ et-torbiini
Muwazzaf	la āasif, mafiish tazakir fi qaṭr es-ṣubḥ, lakin fiih tazakir fi qaṭr elleel elfaransawi.
Zubuun	Qaṭr elleel? ēmm.. ṭayyib ɛayyiz tazkara fi ɛarabiyyit en-noom elmukayyafa.
Muwazzaf	tazkarit daraga ūla walla tanya?
Zubuun	la ɛayyiz daraga ōla.
Muwazzaf	ētfaḍḍal. ēlqaṭr beyquum ēs-saɛa 7:30 belleel min raṣiif 2 we beyuṣal es-saɛa 8 es-ṣubḥ.
Zubuun	shukran.

Listen again and answer: When does the night train leave?

Ēt-tadriibat

Tadriib ((1)ب - 1):

Fiih qatr liSharm Esheikh

(Is there a train to Sharm Esh-sheikh?)

Page 211 صفحة ٢١١

Where does Mark want to go? ٣

Mark	law samaht ع ayyiz tazkarit qatr liSharm Esh-sheikh
Muwazzaf	la. āasif. mafiish qatr liSharm Esh-sheikh. di mish mahatit qatr, da mawqaif ōtobiis bas.
Mark	Yah.. ēmm.. tayib عayyiz tazkara daraga tanya leyoom elārbaع.
Muwazzaf	āasif. mafiish daraga tanya. ēlōtobiis kullo daraga wahda, ēt-tazkara be 80 gineeh mukayyaf, beyquum yoom elārbaع ēs-saعa 12 belleel.
Mark	ēmm.. we beyosal Sharm Esheikh ēmta?
Muwazzaf	ēlōtobiis beyakhud 6 saعat, we beyosal es-subh ēs-saعa 6.
Mark	beyquum mineen law samaht?
Muwazzaf	min hena. min mahatit ganuub Sina āakher shareع Ramsiis, rasiif 3.
Mark	tayyib عayyiz tazkara law samaht.
Muwazzaf	ētfaddal.

Page 213 صفحة ٢١٣

Presentaion (2) Totlob ēh?

(What would you like to order?)

(2) Write the number in front of the picture:

1- firakh mashwiyya	2- samak fileeh maqli.
3- ēskalob baneeh lahma	4- suguq.
5- batatis mihammara.	6- mustarda.
7- salata khadra.	8- عasiir lamuun.
9- haga saqعa	10- hamborgar beg-gibna we elkatshab.

(3) What does Madam Nardiin want? ٦

Garsoon	āywa ya fandem. āy khidma.. titlobi ēh?
Nardiin	law samaht ࿦ayyza sandawitsh firakh mashwiyya wasat.
Garsoon	wahid firakh mashwiyya. belmustarda?
Nardiin	la. min gheir mustarda.
Garsoon	haga tanya?
Nardiin	āywa, ࿦ayyza 1 batatis mihammara kibiir, we wahid ࿦asiir lamuun. ēlhisab kam?
Garsoon	wahid firakh wasat be 15 gineeh, we wahid batatis kibiir be 4 gineeh, we wahid lamuun be 3 gineeh. ēlhisab kuloh 22 gineeh.

Ēt-tadriibat

Page 214 صفحة ٢١٤

Tadriib (أ - 2) Arrange the dialogue:

Garsoon	haga tanya?
Magid	āywa. we wahid lamuun we 2 haga saq࿦a.
Garsoon	ēlhisab 25 gineeh.
Magid	࿦ayyiz sandawitsh samak maqli, we wahid batatis mihammara law samaht.
Garsoon	āhlan wa sahlan. āy khidma. totlob ēh hadretak?
Magid	wahid samak kibiir we batatis wasat.
Garsoon	haga tanya?
Magid	shukran. ēlhisab kam?
Garsoon	sandawitsh ࿦adi walla wasat walla ēh?

Page 218 **صفحة ٢١٨**

Listening text for tadriib ((2)ب – 2):- ٧

Garsoon	āywa ya fandem.... totlobi ēh?
Ranyah	law samaht ع ayyza wahid firakh beg-gibna.
Garsoon	āasif ya fandem mafiish firakh beg-gibna delwaqti, lakin fiih samak.
Ranyah	ēmm.. tayib ع ayyza 2 sandwitsh wasat samak we wahid batatis mihammara kibiir.
Garsoon	2 sandwitsh wasat samak we wahid batatis kibiir, ع ayyza haga saqع a?
Ranyah	Āywa, wahid koka kibiir, ēlhisab kam law samaht?
Garsoon	ēlhisab 28 gineeh.
Ranyah	ētfaddal. shukran.

Glossary فـــهرس

Unit 1 وحدة الأولى

Presentation 1a قديم ١أ

Good morning	سباح الخير	Sabah Elkheer
Good morning to you	سباح النور	Sabah En-nuur
Good evening	ساء الخير	Masa Ēlkheer
Good evening to you	ساء النور	Masa En-nuur
How are you?	ّيك؟	Ēzzayyak?
Good, fine	ويّس	Kwayyis
Thank God	حمد لله	Ēl Hamdu lillah
My name is..	سمي	Ēsmi

Presentation 1b قديم ١ ب

I am sorry	سف	Āasif
It is ok	علش	Maعlesh
It is finished, It is ok	خلاص	Khalas
How are you?	عامل إيه؟	عamel Ēh
Everything is ok	كلّه تمام	Kollo Tamam
Thank God	الحمد لله	Ēlhamdu lillah
bye	سلام	Salam
Bye bye – peace be with you	مع السلامة	Maعa as-salama
God be with you	الله يسلّمك	Āllah Yisallemak
See you tomorrow	أشوفك بكرة	Āshuufak Bokra
God willing	إن شاء الله	Ēnsha Āllah

Presentation 2a تقديم ٢أ

Nationalities	الجنسيّات	Ēl Gensiyyat
Egyptian	مصري	Masri
American	أمريكي	Āmriiki
English	إنجليزي	Ēnglizi

This is a teacher — ده مُدرّس
Da Mudarris

This is a basket — ده سَبَت
Da Sabat

This is a book — ده كتاب
Da Kitab

This is a pen — ده قلم
Da Qalam

This is a chair — ده كرسي
Da Korsi

This is a window — ده شباك
Da shobbak

This is a watch — دي ساعة
Di Saعa

This is a wall — دي حيطة
Di Heta

This is notebook — دي كرّاسة
Di Karrasa

This is a teacher — دي مُدرّسة
Di Mudarrisa

This is a student — دي طالبة
Di Taliba

This is a table — دي ترابيزة
Di Tarabeeza

This is a blackboard — دي سبّورة
Di Sabbuura

Indian — هندي
Hindi

I am not from America — أنا مش من أمريكا
Āna Mish Min Āmriika

I am from — أنا من
Āna Min

Where are you from? — إنت منين؟
Ēnta Mineen?

Presentation 2b — تقديم ٢ب

We are honored — اتشرّفنا
Ētsharrafna

The honor is mine — الشرف ليّا
ĒSh-sharaf liyya

Are you David? — حضرتك ديفيد؟
Hadretak David

No I am not David — لا أنا مش ديفيد
La āna mish David

Unit 2 — الوحدة التانية

Presentation 1 — تقديم ١

This is a door — ده باب
Da bab

This a classroom — ده فصل
Da fasl

This is a student — ده طالب
Da Talib

You're welcome — العفوّ

Ēlعafwo

Can I help you — أيّ خدمة

Āy Khidma

A clinic — عيادة

عiada

Present, available — موجود

Mawguud

Come in now — اتفضّل دلوقتي

Ētfddal delwaqti

No he is not available — لا مش موجود

La mish Mawguud

Presentation 2 — تقديم ٢

Half — نُصّ

Nus

Quarter — رُبع

Rubع

Third — تِلت

Tilt

What is the time now? — السّاعة كام دلوقتي

Ēs-saعa kam delwaqti

Exactly — بالظبط

Bizzabt

My watch is not accurate — ساعتي مش مظبوطة

Saعti Mish Mazbuutah

now — دلوقتي

Delwaqti

Presentation 2 — تقديم ٢

This is an umbrella — دي شمسيّة

Di Shamsiyya

This is a wallet — دي محفظة

Di Mahfaza

This is a glass — دي نضّارة

Di Naddara

This is a magazine — دي مجلّة

Di Magalla

This is a camera — دي كاميرا

Di Kamira

This is a glove — ده جوانتي

Da Gowanti

Unit 3 — الوحدة التالتة

Presentation 1 — تقديم ١

Exactly — مظبوط

Mazbuut

What is your phone number? — نمرة تليفونَك كام؟

Nimrit tilifoonak Kam

Perfect, exactly — تمام

Tamam

A restaurant — مطعم

Mataعam

If you please — لو سمحت

Law Samaht

Five pounds خمسة جنيه

khamsa gineeh

Ten pounds عشرة جنيه

ع ashara gineeh

Twenty pounds عشرين جنيه

ع eshriin gineeh

Fifty pounds خمسين جنيه

khamsiin gineeh

A hundred pounds ميت جنيه

Miit Gineeh

Dictionary قاموس

Qamuus

Ruler مسطرة

Mas<u>t</u>ara

An eraser أستيكة

Āstiikah

A pen قلم جاف

<u>Q</u>alam Gaf

A sharpener برّاية

Barraya

Tissue box علبة مناديل

ع ilbit Manadiil

A pencil قلم رصاص

<u>Q</u>alam Ru<u>s</u>a<u>s</u>

Wallet محفظه

Ma<u>h</u>fa<u>z</u>a

Pencil case مقْلمة

Ma<u>q</u>lama

Around, aproximately حوالي

<u>H</u>awali

What is the time? ساعتَك كام؟

Saعtak Kam?

The date التاريخ

Ēttariikh

The city المدينة

Ēl-Madiinah

Airline شركة طيران

Shirkit <u>T</u>ayaran

When? إمتى؟

Ēmta?

Number of the flight نمرة الرحلة

Nimrit Er-ri<u>h</u>la

Unit 4 الوحدة الرابعة

Presentation 1 تقديم ١

pound جنيه

Gineeh

Half a pound نصّ جنية

Nu<u>s</u> Gineeh

Quarter of a pound رُبع جنية

Robع Gineeh

Money فلوس

fuluus

Change فكّة

fakka

Bottle of oil		إِزازة زيت
	Ēzazit zeet	
Jar of jam		بَرْطمان مِربّى
	Bartaman mirabba	
Box of halawah		علبة حلاوة
(Sesame sweet paste)	ع ilbit halawa	
A carton of eggs		كرتونة بيض
	Kartoonit beid	
A box of water		صندوق ميّة
	Sanduuq mayya	
Rice		رُز
	Rozz	
Juice		عصير
	ع asiir	
Honey		عسل
	ع asal	
Flour		دقيق
	Diqiiq	
Ghee		سمن
	Samn	
Bread		عيش
	ع eesh	

Presentation 2b تقديم ٢ ب

If you please		لو سمحت
	Law samaht	
I need		عايز/ه
	ع ayez/ ع ayeza	

A bag		نطة
	Shanta	
Glasses		ضّارة
	Naddara	
A lighter		لاّعة
	Wallaعa	
cheap		خيص
	Rikhiis	
expensive		غالي
	ghali	
A vase		ازة
	vaza	
Flowers		رد
	ward	
Frame		رواز
	berwaz	
Side lamp		اجورة
	Ābajora	
Plate		لبق
	tabaq	

Presentation 2a قديم ٢ أ

Cheese		بنة
	gibna	
A stick of butter		اكو زبدة
(packet)	Bako zibda	
A bag of sugar		يس سُكّر
	Kiis sukkar	

عيش توست		Toast
	ع eesh tost	
بسّكوت		Biscuits
	Bskoot	
لستة		List
	Lista	
آسف		Sorry
	Āasif	
مافيش		Not available
	Mafiish	
بكام؟		How much
	Bikam	
الحساب كام؟		What is the total?
	Ēl hisab kam	

الوحدة الخامسة — Unit 5

تقديم ١ — Presentation 1

فوق		Above
	Fooq	
تحت		Under
	Taht	
على		On
	ع ala	
قدام		In front
	Qoddam	
ورا		behind
	Wara	
فى		n
	Fi	
جوّه		nside
	Gowwa	
بين		n between
	Been	
جنب		3eside
	Ganb	
عِلْبة		3ox
	ع ilba	
صورة		'icture
	Sura	
فِنْجَان		:up
	Fingan	
بوتجاز		.tove
	Butagaz	
كَسَرولّة		:asserole
	Kasarolla	
طاسة		'an
	Tasa	
أبريق شاى		'eapot
	Ābriiq Shay	
كوبّاية		:up
	Kobbaya	
طَبَق		late
	Tabaq	
فُوطة		'owel
	Fuuta	

Congratulations	Mabruuk	مَبْروك
Who?	Miin?	مين؟
Where?	Feen?	فين؟
Which one?	Ānhi?	أنهي؟
How many?	Kam?	كام؟
Post office	Bosta	بوسطة
Cigarette kiosk	Koshk Sagayer	كُشك سجاير
Where exactly?	Feen Bizzabt?	فين بالظبط؟

Unit 6 — الوحدة السادسة

Presentation 1 — تقديم (١)

Go straight	ع‍ala tool	على طول
Keep going	Ēmshi	اِمشي
Enter	Khosh	خُشّ
Theater	Masrah	مَسْرَح

Fork	Shoka	شُوكة
Knife	Sikkina	سِكّينة
Spoon	Maعlaqa	مَعْلَقة
Refrigerator	Tallaga	تلاّجة
Pens	Āqlam	أقلام
Pictures	Suwar	صُور
Key	Muftah	مُفْتاح
Keys	Mafatiih	مَفَاتيح

Presentation 2 — تقديم (٢)

Floor	Door	دور
Street	Shareع	شارع
District	Mantiqa	منطقة
New flat	Shaqqa Gidiida	شقّة جديدة
Building	عimara	عِمارة

Metro station	محطّة مترو	Mahatit metro

Presentation 2 تقديم (٢)

Reception	الاستقبال	Ēlēstiqbal
Business center	بزنس سنتر	Beznes senter
Newsstand	كُشْكْ جَرايد	Koshk garayid
Restaurant	مَطْعَم	Matعam
Swimming pool	حمّام سباحة	Hammam sibaha
Health club	نادي صحّي	Nadi sihhi
Cafeteria	كافيتريا	Kafiterya
Food	أكْل	Ākl
Hot	سُخْن	Sokhn
Hallway	مَمَرّ	Mammar
Billiard room	صالة بلياردو	Salit Bilyardo
Gifts	هدايا	Hadaya
Mosque	جامِع	Gameع
Church	كَنِيسَة	Kiniisa
Garden	جِنَينة	Ginena
Fire station	مَطَافِي	Matafi
Pharmacy	صيدليّة	Saydaliya
Museum	مَتْحَف	Mathaf
Bakery	فُرْن	Forn
Laundromat	مَغْسَلة	Maghsala
Train station	محطّة قَطْر	Mahatit Qatr
Institute	مَعْهَد	Maعhad
Leave	سيب	Siib
After	بعد	Baعd
Before	قبل	Qabl
Building	مبنى	Mabna

I arrive /am arriving	Bawsal	باوْصَل
I enter /am entering	Badkhol	بادْخُل
I bring /am bringing	Bagiib	باجِيب
I go back /am going back	Bargaع	بارْجَع
I sleep	Banam	بانام
He studies	Beyzakir	بيِذَاكِر
She meets her friends	Betqabil Āshabha	بِتْقَابل أصحابها
She plays sports	Betelعab Reyada	بِتلْعَب رياضة
She works	Betishtaghal	بِتشْتغَل
She is busy	Mashghula	مَشْغولة
He has breakfast	Beyeftar	بيفْطر
He eats dinner	Beyetعasha	بيِتْعشّى
He eats lunch	Beyetghadda	بيِتْغدّى
late	Metākhar	متْأخّر

Jewelry	Mogawharat	ُجَوهَرَات
Tennis court	Malعab tenes	لْعَب تنس
Tourist office	Maktab siyaha	كْتب سياحة
Ball room	Salit hafalat	صَالة حَفَلات
Open terrace	Tiras maftuuh	رَاس مفتوح

Unit 7 — لوحدة السابعة

Presentation 1 — قديم (١)

I take a shower / I am taking a shower	Bakhod dosh	اخُد دُش
I go / am going	Baruuh	ارُوح
I get up /am getting up	Basha	اصْحَى
I ride the bus /am riding the bus	Barkab elōtobiis	اركب الأتوبيس
I leave the house	Banzel min Elbait	انزِل من البيت
The house	Ēlbeet	بيت
I drink/am drinking	Bashrab	اشْرب

Family عِيلة
ﻉeela

Sister أُخْت
Ōkht

He is eating, eats بياكل
Beyakol

He is swimming, swims بيعوم
Beyﻉoom

To shave يحلق
Ye<u>h</u>laq

Weekend أجازة آخِر الأسبوع
Āgazet ākher elāsbuuﻉ

Trip رِحْلة
Re<u>h</u>la

Unit 8 الوحدة التامنة

Presentation 1a تقديم (١) أ

Worker عامِل
ﻉamil

Secretary سِكِرْتيرة
Sikirtera

Doctor دُكْتور
Doktoor

Waiter جارسون
Garsoon

Nurse ممرّضة
Momarri<u>d</u>a

early بَدْري
Badri

Presentation 2 تقديم (٢)

Sunday الحَد
Ēl<u>h</u>ad

Monday الإتْنين
Ēlētneen

Tuesday التَلات
Ēttalat

Wednesday الأرْبَع
Ēlārbaﻉ

Thursday الخَميس
Ēlkhamiis

Friday الجُمْعَة
Ēlgomﻉa

Saturday السَبْت
Ēs-sabt

She is cooking, cooks بِتطْبُخ
Beto<u>t</u>bokh

She stays at home بتُقْعُد في البيت
Betoqﻉod fielbeet

holiday أجَازة
Āgaza

The beach الشَط
Esha<u>t</u>

The sea البَحر
Ēlba<u>h</u>r

Presentation 1b — تقديم (١) ب

Tourist guide	مرشدة سياحيّة	Murshida siyahiyya
The summer	الصيف	Ēs-saif
He is working, works	بيشتغل	Beyeshtaghal
Clothes	هُدُوم	Huduum
Party	حَفلة	Hafla
Happy	مَبْسوط	Mabsuut
2 months	شَهرين	Shahreen
Experience	خِبْرة	Khebra
Television section	قسم التليفزيونات	Qesm ettilifizioonat
Master's degree	ماجستير	Majistair
Children's hospital	مُستشفى للأطفال	Mustashfa Lilātfaal
Engineering office	مكتب هندسي	Maktab Handasi
Cook	طبّاخ	Tabbakh
Pilot	طيّار	Tayyar
Salesman	بيّاع	Bayyaع
Flight attendant	مُضيف	Modiif
Cashier	صرّاف	Sarraf
Security officer	ظابِط أمْن	Zabit Āmn
Manager	مُدير	Mudiir
Engineer	مُهندس	Muhandis
A job	وَظيفة	Waziifa
Jobs	وظايف	Wazayif
Receptionist	موظّف استقبال	Mowazaf Ēstiqbal
A factory	مَصْنَع	Masnaع
Company	شِرْكة	Shirka

Drinks مشروبات

Mashrubat

Food مأكولات

Maākulat

Hot drinks حاجة سخنة

<u>H</u>aga Sukhna

Cold drinks حاجة ساقْعَة

<u>H</u>aga Saqعa

An invitation عُزومة

عuzuma

A new flat شقّة جديدة

Sha<u>q</u>qa gidiida

A birthday invitation دَعْوَةعيد ميلاد

Daعwit عiid miilad

Unit 9 الوحدة التاسعة

Presentation 1 تقديم (١)

Drama film فيلم درامي

Film Dirami

Comedy film فيلم كوميدي

Film Komidi

Political film فيلم سياسي

Film Siyasi

Romantic film فيلم رومانسي

Film Romansi

Detective film فيلم بوليسي

Film Boliisi

Presentation 2 تقديم (٢)

It is an honor شرّفت

Sharraft

Hi, or bye سعيدة

Saعiida

Thank you مُتشكّرة

Mutshakkira

Bathroom الحَمّام

Ēl<u>h</u>ammam

Near قُريّب

<u>Q</u>urayyib

To visit يزور

Yezuur

See you again soon أشوفَك تاني قريب

Āshuufak Tani <u>Q</u>urayyieb

Without sugar من غير سُكّر

Min Ghair Sukkar

Long time ago من زمان

Min zaman

A visit زِيارة

Ziyara

Cake تورتة

Toorta

A small piece حتّة صغيّرة

<u>H</u>itta <u>s</u>ughayyara

Enough كِفاية

Kifaya

Ticket	تَذْكَرَة	Tazkara
Chocolate	شوكلاتة	Shukulata
Flowers	وَرْد	Ward
Shirt	قَمِيص	Qamiis
Light music	موسيقى خفيفة	Musiqa Khafifa
Car	عربيّة	ع arabiyya
Tennis racket	مَضْرَب تِنس	MadrabTenes
Tie	كَرافتّة	Karavatta
Trousers	بَنْطَلون	Bantaloon
Ball	كُورة	Koora
Traveling	مِسافر	Misafir
Sick	عيّان	ع ayyan
What shall I bring him?	أجيبلُه إيه؟	Āgiibloh Ēh
Dinner party	حفلة عشا	Haflit ع asha
Long	ويل	Tawiil
Serious	دّ	Gad
Free	ضي	Fadi
Greetings, many happy returns	سنة وإنت طيّب	Kol Sana we Ent Tayyib
Sorry	ِف	Āasif
Better	سَن	Āhsan
Grandfather	دّ	Gid
The family	عِيلة	Ēlعeela
An outing	حَة	Fusha
Sports	ياضة	Riyada
Suggestion	تراح	Ēktirah

Presentation 2 — ديم (٢)

Gift	يّة	Hidiyya

Unit 10 الوحدة العاشرة

Presentation 1 تقديم (١)

Title for a taxi driver	Ōsta	أُسْطى
At the corner	ع ala annasya	على الناصْيَة
An errand to run	Mishwar	مِشْوار
Morning train	Qatr essobh	قَطْر الصُبْح
Night train	Qatr elleel	قَطْر الليل
Ticket, Tickets	Tazkara/ Tazakir	تَذْكَرة/ تَذَاكِر
Train leaves	Ēlqatr Beyquum	القَطْر بيقوم
It arrives	Beyusal	بيوْصَل
Platform	Rasiif	رَصيف
First class	Daraga ūla	دَرَجة أُولى
Second class	Daraga Tanya	دَرَجَة تانية
Air conditioned	Mukayyaf	مُكيّف
Regular	ع adi	عَادي
Wedding	Farah	فَرَح
A visit	Ziyara	زِيارة
A travel	Safar	سَفَر
Giving birth	Wilada	وِلادة
Baby	Bebi	بيبي
Engagement	Khutuuba	خُطُوبة
Walking	Ēlmashy	المَشْي
Shoes	Gazma	جَزْمة
Cooking	Tabkh	طَبْخ
Dress	Fustaan	فُسْتان
Reading	Ēlqiraya	القِرَاية
Mother's day	ع eed Elōm	عيد الأُم

Escallop panes — إسْكَالوب بَانيه لَحْمَة
Ēskalob baneeh La<u>h</u>ma

Sausage — سُجُق
Sugoq

French fries — بطاطِس محَمّرة
Ba<u>t</u>a<u>t</u>is Mi<u>h</u>ammara

Mustard — مسْتَردة
Mustarda

Green salad — سَلَطَة خَضْرا
Sala<u>t</u>a Kha<u>d</u>ra

Lemon juice — عَصير لَمون
ع a<u>s</u>iir Lamuun

Hamburgers with cheese — همبرجر بالجبنة
Hamborgar Beg-gibna

Menu — مِنْيو
Minyu

List — لِسْتة
Lista

One banana — صُبَاع موز
<u>S</u>ubaع Mooz

Mixer — خَلاّط
Khalla<u>t</u>

Ice — تَلْج
Talg

Beat — إِضْرب
Ē<u>d</u>rab

A recipe — وَصْفَة
Wa<u>s</u>fa

To book a ticket — طَع تذكرة
Yiqtaع Tazkara

Time of departure — عاد السفر
Miعaad es-safar

Time of arrival — عاد الوصول
Miعaad elwo<u>s</u>uul

Tourist class — جَة سِياحيّة
Daraga Siya<u>h</u>iyya

Timetable chart, screen — حة المواعيد
Lo<u>h</u>it elmawaعiid

Noon, midday — هْراً
<u>Z</u>uhran

Afternoon — صْراً
ع a<u>s</u>ran

Evening — اءاً
Masaāan

Presentation 2 — ديم (٢)

Regular sandwich — دَوتش عادي
Sandwitsh عadi

Medium — ط
wasa<u>t</u>

Large — ر
Kibiir

Grilled chicken — خ مَشْوِيّة
Firakh Mashwiyya

Fried fish fillet — ك فيليه مقْلي
Samak Fileeh Maqli